Lebe

Ursula v...
Gebrochen...
Mein Weg zwischen den Zeiten
Band 850, 192 Seiten

Tisa von der Schulenburg
Ich hab's gewagt
Bildhauerin und Ordensfrau –
ein unkonventionelles Leben
Band 874, 224 Seiten (Erscheint im Juni 1981)

Leonore Mayer-Katz
Sie haben zwei Minuten Zeit!
Nachkriegsimpulse aus Baden
Band 868, 192 Seiten (Erscheint im Juli 1981)

Liselotte Diem
Fliehen oder bleiben?
Dramatisches Kriegsende in Berlin
Band 902, ca. 128 Seiten
(Erscheint im Dezember 1981)

Helga Prollius
„*Ich stell' mich in die Mitte...*"
Bilder einer Kindheit
Band 923, ca. 128 Seiten
(Erscheint im März 1982)

in der Herderbücherei

...besonders für Leserinnen

Heilwig von der Mehden
Backfischchens Leiden und Freuden
Band 750, 192 Seiten

Ilva Oehler
Des Lebens bessere Hälfte
Band 754, 144 Seiten

Dorothea Frandsen
Helene Lange
Band 759, 144 Seiten

Helga Prollius
Flucht aus Prag 1945
Band 771, 112 Seiten

Marianne Feuersenger
Die garantierte Gleichberechtigung
Band 777, 144 Seiten

Imgard von der Lühe
Eine Frau im Widerstand
Band 785, 160 Seiten

Catarina Carsten
Was eine Frau im Frühling träumt
Band 790, 128 Seiten

Irma Hildebrandt
Warum schreiben Frauen?
Band 799, 144 Seiten

in der Herderbücherei

Herderbücherei

Band 849

Über das Buch

Die letzten Tage des Dritten Reiches, Kapitulation, Besatzungsregime: Flüchtlinge schlugen sich in die Heimat durch, Soldaten marschierten in die Gefangenschaft, Verfolgte wurden befreit, Kinder hungerten. Was hat die Menschen damals bewegt? Es gab keine Zeitung, die uns heute darüber noch Aufschluß geben könnte. Darum wird in diesem Taschenbuch der Versuch unternommen, Erfahrungen und Befürchtungen zu „rekonstruieren". Vertreter der Kriegsgeneration unterschiedlichster Herkunft wurden gebeten, Erinnerungen und Erlebnisse mitzuteilen. Soldaten, Frauen, Widerstandskämpfer, Emigranten, Flakhelfer, Menschen, die aus der Erfahrung von 1945 die Nachkriegszeit entscheidend mitgeprägt haben. So entstand im Rückblick ein bewegendes Mosaikbild der Stunde Null, die Ende und Anfang zugleich war. Ein Dokument für alle, die sie miterlebt haben. Auskunft für eine jüngere Generation, die mit Recht fragt: Wie war es damals?

Das Ende,
das ein Anfang war

Die letzten Tage des Dritten Reiches

Erinnerungen von

Conrad Ahlers
Walter Dirks
Ingeborg Drewitz
Liselotte Funcke
Friedrich Heer
Irma und Walter Hildebrandt
Richard Jaeger
Georg Leber
Hans Maier
Heilwig von der Mehden
Tisa von der Schulenburg
Alice Schwarz-Gardos
Paul W. Wenger
Bernhard Welte

Mit einer Einleitung von Thomas Urban

Herderbücherei

Originalausgabe
erstmals veröffentlicht als Herder-Taschenbuch

Umschlagfoto: Ullstein-Bilderdienst, Berlin

Alle Rechte vorbehalten – Printed in Germany
© Verlag Herder Freiburg im Breisgau 1981
Herder Freiburg · Basel · Wien
Herstellung: Freiburger Graphische Betriebe 1981
ISBN 3-451-07849-X

Inhalt

Thomas Urban
Zur Einleitung 9

Conrad Ahlers
Wir dachten an Reformen 15

Walter Dirks
Mit aufgekrempelten Ärmeln 21

Ingeborg Drewitz
Kalenderblätter Berlin 1945 29

Liselotte Funcke
Aus meinen Tagebuchaufzeichnungen 1945 37

Friedrich Heer
8. Mai 1945. Wir tanzten die ganze Nacht 49

Walter und Irma Hildebrandt
Gnade des Nullpunkts? 58

Richard Jaeger
Das Kriegsende 65

Georg Leber
Wir fingen an 77

Hans Maier
Als der Krieg zu Ende war 81

Heilwig von der Mehden
Mit der Hochbahn an die Front 87

Tisa von der Schulenburg
Zurück im Einspänner 91

Alice Schwarz-Gardos
Gedämpftes Saitenspiel 101

Paul Wilhelm Wenger
...ohne Heeresdienstvorschrift 109

Bernhard Welte
Ende und Neubeginn 115

Notizen über die Autoren 123

THOMAS URBAN

Zur Einleitung

„Mir ist es noch wie heute", beginnen die Erzähler ihre Erinnerungen, wenn sie meinen, sich besonders gut zu erinnern. Die bekannten Selbsttäuschungen sind weniger merkwürdig als die seltsame Selektion in unserem Gedächtnis. Während Ereignisse, die in Lust oder Schmerz heftig berührten, oft nur ziemlich verschwommen aufbewahrt werden, steht irgendeine beiläufige Wahrnehmung aus längst vergangenen Tagen im hellsten Licht.

Solche Vorgänge im individuellen seelischen Haushalt, für welche die Psychologen ihre Erklärungen wissen, spiegeln sich auch in den hier versammelten Erinnerungen an das deutsche „Ende" von 1945, und der Leser mag sich seine Gedanken darüber machen, was die Art des Erinnerns über die bekannten Persönlichkeiten besagt, die da berichten. Aber so interessant dies sein mag, wichtiger ist die auffallend starke Facettierung der Ereignisse selbst des Frühjahrs 1945, die aus diesen Erinnerungen entgegentritt und in dieser „Einleitung", den Dokumenten folgend, ein wenig modelliert werden soll.

Selbstverständlich war es etwas anderes, ob einer als Mann oder als Frau, als jüngerer oder als älterer Mensch dieses „Ende" erlebte. Ganz anderer Art als die biographischen waren die geographischen Daten, weil von der Besatzungsmacht, die da oder dort, in Ostpreußen oder in Südbaden, einrückte, jeweils Unterschiedliches erwartet wurde, zu Recht oder zu Unrecht. In noch tieferen Dimensionen bestimmend mußte es sein, ob jemand an sich selbst oder in seiner Familie Gewalttaten des nationalsozialistischen Regimes unmittelbar erfahren hatte. „Ende" konnte dann vor allem andern als das qualvoll erhoffte Ende des Regimes erlebt werden, während für sehr viele, auch wenn sie zumindest keine Sympathien für das Regime gehabt hatten, vorab eines galt: der Krieg ist aus. Dieses „Ende" hatte keinen Inhalt außer dem freilich sehr gewichtigen, davongekommen zu sein. Der brutalen Totalität des Krieges entsprach eine Reduktion auf die vitale Existenz, die man – im nachhinein versteht sich – angesichts dessen, was in diesem „Ende" geschehen war, manchmal als recht peinlich empfinden kann.

Einige Dokumente in dieser Sammlung weisen nachempfindend auf Deutsche hin, jüngerer Jahrgänge zumal, die in diesem Ende eine bittere Enttäuschung erleben mußten. Aber unter den Erinnernden befindet sich niemand, der selbst, mit welchen Vorbehalten auch immer, dem nationalsozialistischen Regime gegenüber innerlich verpflichtet gewesen ist, wenn man von Kindheitserinnerungen absieht. Einen, der nichts dazugelernt hat, wird niemand vermissen. Daß aber auch kein Zeuge vertreten sein kann, der sich daran erinnert, daß damals eine Welt zusammenbrach, auch wenn er zu seinem Glück nur einen relativ unbedeutenden Anteil an ihr gehabt hatte, gehört zur deutschen Misere der „Vergangenheitsbewältigung". Wie sollte aus einem Ende ein Anfang werden, das als solches zu begreifen sozusagen nicht zugelassen wurde?

Obwohl jedoch alle Erinnernden, die in dieser Sammlung zu Wort kommen, im Frühjahr 1945 darin einig waren, daß eine böse Gewaltherrschaft in ihr Ende gekommen war, ist es bemerkenswert, daß sich dennoch die „Stimmungen" ganz erheblich unterschieden. Man kann dies schon den Worten entnehmen, mit denen das „Ende" bezeichnet ist. Vielleicht lassen sich diese „Stimmungen", sieht man von den individuellen Tönungen ab, hauptsächlich nach zwei Motiven gruppieren. Dachte man an Deutschland in der Nacht? Und: Welcher „Anfang" in dem Ende war vorstellbar?

Daß das Hitler-Regime beseitigt und der Krieg für die Deutschen dennoch nicht verloren sein würde, jedenfalls nicht „total", das war eine geheime Hoffnung von vielen gewesen, die spätestens nach dem 20. Juli 1944 ernsthaft nicht gehegt werden konnte. Aber wenn auch gemäß dieser Einsicht der Krieg verloren werden *mußte*, sollte dieses Regime untergehen, so konnte doch in eins mit diesem begrüßten Untergang der Untergang Deutschlands schmerzlich erlebt werden. Er war trotz allem eine „Niederlage", und das erste Fahrzeug einer Besatzungsmacht konnte – ganz unabhängig davon, was nun alles von den Siegern zu erwarten war – einen Schock auslösen. Wo die äußeren Umstände der Besinnung Raum ließen, konnten die Verse im großen Gedicht des Vergil vom Falle des stolzen Troja „brandaktuell" gelesen werden: Das einst so stolze Deutschland ist gefallen. Das war ebenso weit weg von billiger Häme, die sich schamlos breit machte, wie von pseudoheroischem Patriotismus.

Aber es konnte auch sein, daß in der Totalität der Niederlage oder im Aufatmen beim Ende der Gewaltherrschaft oder in beiden Erfahrungen zusammen die vergilischen Tränen beim Verlassen der trojanischen „patria" nicht flossen, vielleicht im Halse erstickt waren. Würden die deutschen Staatsrechtlehrer, welche die „Kontinuitätstheorie" vertreten, nämlich den ungebrochenen Fortbestand des bis 1945 „Deutsches Reich" genannten Staates, ihre juristische Ebene verlassen und derartige Erfahrungen der Deutschen beim „Ende" des Frühjahres 1945 einbeziehen, müßten sie angesichts des Defizits an nationaler Empfindung in Verlegenheit kommen.

„Das Ende, das ein Anfang war": Dies ist gewiß eine Definition des „Endes", die sich allermeist erst im Rückblick mehr oder weniger lang „danach" auftut, wenn es auch Erfahrungen gab, in denen bereits das „Ende" als freie Bahn in die Zukunft erschien, zumindest nicht als Zerstörung des Lebenswillens in eine bessere Zukunft hinein. Aber für viele, und keineswegs nur für oberflächliche Leute, war die Zukunft so wenig vorstellbar wie am 8. Mai 1945, dem Tag der bedingungslosen Kapitulation, das ganze Ausmaß des „verlorenen" Krieges. Insoweit trifft das Wort von der „Stunde

Null" die seelische Verfassung, freilich nichts weniger als im Sinne einer „Gnade", es sei denn der gleichsam nackten Gnade, davongekommen zu sein.

Jedoch ist die Ziffer Null eine Abstraktion. Der Mensch lebt in den Minuten der Stunde Zwölf der Mitternacht und in den Minuten der Stunde Eins des beginnenden Tages. Die Reduktion auf die vitale Existenz konnte ein Verhalten bedeuten, in dem das geschichtlich geprägte Dasein des Menschen auf den Nullpunkt animalischer Primitivität gekommen schien; sie konnte aber auch ein Rückwurf auf „urtümliche Strukturen der kleinen Form" sein, auf welche die Begriffe der großen Geschichte nicht passen, wohl aber die einfachen Worte, die dem Menschen helfen, ein Mensch zu bleiben. Vermutlich ist es nicht zuletzt dieser Rückwurf auf den eisernen Bestand des Menschseins, der im „Ende" als ein „Anfang" steckte.

Es waren gar nicht so wenige, die diesen Rückwurf als einen Rückzug vollzogen, nicht in eine romantizistische Sentimentalität und escapistische Ichsucht, sondern in den gründlichen Bestand menschlichen Daseins, in das bleibende Erlebnis einer Nacht am See oder in den Bergen, in das Wiederlesen des „Nachsommers" von Adalbert Stifter oder in die Meditation des vergilischen Gedichtes.

Der Rückverweis auf „urtümliche Strukturen der kleinen Form" konnte fruchtbar sein, und es ist wohl nicht ganz und gar unberechtigt, in den „Improvisationen" während der Jahre 1945 bis 1948, bis zur Währungsreform, die sich ja keineswegs nur auf das nackte Überleben bezogen, einen Ausdruck von Phantasie zu erinnern. Auch kann man jenseits der Kontroverse über den „Wiederaufbau", die auch in dieser Sammlung zur Sprache kommt, spezifische Chancen jener drei Jahre gelten lassen. Aber es konnte keinen Weg aus der „großen Geschichte" hinaus geben.

Die heute aktuelle Problematik der „Orientierung" ist, soweit sie unter Deutschen diskutiert wird, eng verbunden mit den Erinnerungen an die Jahre des „Endes" und des „Anfangs". Es gab damals mehrere und auch durchaus gegensätzliche Konzepte der Zukunft; sie in der Rückbindung an die Herkunft zu suchen war jedenfalls „an der Zeit". In der Erfahrung der deutschen Geschichte am Punkt der Diskontinuität im „Ende" von 1945 konnte ausgelangt werden nach „älteren, stärkeren Traditionen", richtete sich das Vertrauen auf „die Hausgötter des abendländischen Denkens und Dichtens". Da hörten auch viele zu, die zwar nicht gar so viel damit anzufangen wußten, aber so etwas wie eine Art Unterstand suchten. Als es dann wieder besser ging und noch besser, konnten sich manche einen Spaß daraus machen, die Hausgötter niedriger zu hängen.

Aber es wäre unbillig, die auf 1945 folgenden dreieinhalb Jahrzehnte allein nach diesen oder jenen ihrer Momente zu beurteilen. Dann wäre es schwer zu begreifen, daß gerade auch jene Erinnerungen an „Ende" und „Anfang", in denen die Hoffnung zurückgreift auf alte Bestände, heute in eine behutsame und eben darum bewegende Skepsis münden. „Vieles kam anders als erhofft" – „vielleicht wie ein Anfang, der abhanden gekommen ist" – heute müssen wir fragen: „Ist das Wagnis bestanden?"

Dies hat nichts mit der gängigen Pauschalbeschimpfung der Bundesrepublik Deutschland zu tun. Aber vielleicht sind diese Stimmen eine Mahnung daran, welche Chance den Deutschen über ihren wirtschaftlichen Welterfolg hinaus in ihrem „Ende" geschenkt worden ist. „Mir ist es noch wie heute": Wer kann dies in allem Ernst noch sagen?

CONRAD AHLERS

Wir dachten an Reformen

Der Tag der Kapitulation und der Beendigung des Zweiten Weltkrieges war nicht überall und schon gar nicht für alle der gleiche. Viele waren schon vorher in Gefangenschaft geraten und mußten dort noch lange bleiben. Einige kämpften weit über die Zeit hinaus oder hielten sich verborgen. Ich hatte Glück. Am 3. Mai 1945 befand ich mich in meinem Elternhaus. An diesem Tag trat die von dem Gauleiter Kaufmann vernünftigerweise eingeleitete Vereinbarung mit dem britischen Oberkommando in Kraft, wonach Hamburg zur freien Stadt erklärt wurde.

Der Grund, weshalb ich mich als Frontoffizier in Hamburg aufhalten konnte, war simpel genug. Im Herbst 1944 hatte man mir im Raum Rimini den rechten Unterschenkel zerschossen. Die Brüche heilten, obwohl genagelt, nicht richtig zusammen und mußten erneut gebrochen werden. So war ich in stationärer Behandlung in einem Reservelazarett 800 m von meinem Elternhaus entfernt. Dank der Hilfe vieler Freunde war ich von einem Lazarett in Karlsbad nach Hamburg überwiesen worden. An Hilfsbereitschaft mangelte es damals nicht, Freundschaft wurde groß geschrieben.

Freundschaft war es auch, die mich in jenem letzten Kriegswinter, in dem ich mich an der noch voll funktionierenden Universität hatte einschreiben lassen, mit einem Kreis demokratisch gesinnter Studenten zusammengebracht hatte. Viele waren Mediziner, einige Geisteswissenschaftler, wenige Juristen. Die meisten sind dem akademischen Leben treu geblieben und heute angesehene Professoren und Meister ihrer Fächer. Ihre Namen tun hier nichts zur Sache, aber einen, der erst später hinzukam, weil er zunächst noch an der Front war, möchte ich doch in fortdauerndem Gedenken nennen: den von Terroristen ermordeten Bankier Jürgen Ponto.

Wir alle waren damals schon längst davon überzeugt, daß der Krieg verloren sei, daß er auch verloren werden mußte, um den Opfergang und die schreckliche Zerstörung zu beenden und weil man anders das nationalsozialistische Regime nicht los werden könnte. Zum Widerstand gehörten wir nicht; es gab kaum Berührungspunkte. Nur einer der Väter hatte im Konzentrationslager gesessen, aber viele andere waren entweder rassisch oder politisch verfolgt worden und hatten mancherlei Drangsal erlitten. Fast alle von uns waren Soldaten, zum Teil wegen schwerster Verwundungen verwendungsunfähig, zum Teil, als Mediziner, zum Studium abkommandiert.

Wenn ich an diese letzten Monate des Krieges zurückdenke, so will es mir scheinen, daß wir auf eine sehr intensive Art fröhlich und zugleich nachdenklich, jedenfalls für alles sehr aufgeschlossen waren. Natürlich spielte es eine Rolle, daß wir den Gefahren der Front nicht mehr ausgesetzt waren, obwohl es noch genug Gefährdungen durch die ständigen Luftangriffe gab. Sie hielten uns nicht davon ab, ins Theater oder zu anderen Vergnügungen zu gehen. Manche mögen sich noch daran erinnern, daß Intendant Wüstenhagen (der Vater des Gründers der grünen Umweltschützer) noch in der Spielzeit 1944/45 den Faust im Deutschen Schauspielhaus zu Hamburg inszeniert hatte. Als ich Anfang April, gut bekrückt, die Aufführung besuchen konnte, hörte man schon den Geschützdonner, der aus der Lüneburger Heide herüberwehte. Die dünne deutsche Frontlinie zog sich auf den der Elbniederung vorgelagerten Harburger Bergen entlang, während die Spitzen der Armeen Montgomerys längere Zeit verhielten, bis die Hauptverbände aufgeschlossen hätten.

Neben der Fröhlichkeit ist mir die Ernsthaftigkeit unserer Gespräche und Diskussionen in der Erinnerung geblieben. Was uns in diesem kleinen Kreis verband, war neben der persönlichen Sympathie und dem festen Vertrauen zueinander die Überzeugung, daß eine durchgreifende Veränderung des politischen Systems und eine moralische Erneuerung des Lebens in Deutschland notwendig sei. Diese Überzeugung war im übrigen nicht neu. Sie war den meisten von uns schon im Elternhaus vor- und eingegeben gewesen. Auch hatte Hamburg während des Dritten Reiches niemals seinen liberal-republikanischen Charakter verloren. Verbände wie die Marine- und Reiter-Hitler-Jugend galten zu Recht als ausgesprochen systemkritisch. Und die „langhaarigen Teddy-Boys", die nach britischem Vorbild in unseren Tennis- und Segelclubs ihr Wesen trieben, gehörten eindeutig zu den Systemverweigerern. Passiert ist ihnen so gut wie nichts.

Diesen Feststellungen steht nicht die Tatsache entgegen, daß die meisten von uns sich aus patriotischem Pflichtbewußtsein freiwillig gemeldet hatten und schon 1939/40 in den Krieg gezogen waren. Dieses Pflichtbewußtsein, welches sich bis heute erhalten hat, ließ uns Anfang 1945 nicht in Ruhe, als es darum ging, sich Gedanken über die Zukunft unseres Volkes zu machen. Die eigene Zukunft spielte dabei überhaupt keine Rolle. Daß die Mediziner Ärzte, die Juristen Juristen werden wollten, war klar. Aber gleichgültig war uns, welche berufliche Stellung und welches Einkommen wir erstreben wollten. Materielle Fragen bewegten uns nicht, außer der Beschaffung von Nahrung, Heizung und Zigaretten. Es hat sich seitdem trotz des Wohlstands in der Einstellung nicht sehr viel geändert, nur wird viel weniger geraucht.

Von Interesse ist vielleicht, daß in diesem Kreis wie auch mit zahlreichen anderen Menschen politisch völlig offen gesprochen wurde. Daß die Nazis weg mußten, daß der Krieg ein von Deutschland verschuldetes Unglück, wenn nicht Verbrechen war – darüber gab es keine Meinungsverschiedenheiten. Die Auseinandersetzungen um die Schuldfrage begannen ja erst später. Doch wurde schon über den Beginn und den Verlauf des Krieges debattiert, über die politischen Fehler, die in der Weimarer Zeit gemacht worden waren und den Aufstieg Hitlers begünstigt hatten. Aber im Vordergrund unseres Interesses stand anderes. Einmal der Versuch, sich all das anzueignen, was uns an der geistig kulturellen Entwicklung wegen des Aufwachsens im Dritten Reich entgangen war: die Lektüre verbotener Schriftsteller, deren Werke sich in einigen Bücherschränken fanden, das Kennenlernen „entarteter Kunst". Und zweitens die Ausarbeitung eines Konzepts für eine demokratisch-pluralistische Universität.

Erich Maria Remarques Bestseller „Im Westen nichts Neues" ist der Generation gewidmet, die „im Kriege zerstört wurde, auch wenn sie seinen Granaten entkam". Wir waren damals so gut wie entkommen, aber beileibe nicht zerstört, sondern fest entschlossen, am Wiederaufbau und am Neubeginn mitzuwirken. Wenn ich heute in die vergilbten Pandekten schaue, die in jenen Wochen konzipiert und dann 1945/46 von dem „Zentralausschuß" der Hamburger Studenten – den wir im Sommer 1945, als die Universität dank englischer Großzügigkeit schon wieder geöffnet wurde, gegründet hatten – ausgearbeitet wurden, so überrascht es, wie modern diese Überlegungen bereits waren. Allerdings kannten wir nur die echte Parität zwischen Professoren und Studenten, nicht die Drittel- oder gar Viertelparität. Wir dachten an Reformen und nicht an Revolution. Auch das Studium generale war vorgemerkt und wurde eingeführt. Als Vertreter der Studentenschaft wirkte ich im Zulassungsausschuß mit, der gebildet werden mußte, weil auch 1945 die Nachfrage nach Studienplätzen größer war als das Angebot. Wir hatten ein vernünftiges Punktesystem erarbeitet, bei dem jedoch im Unterschied zu heute Wehrdienstzeiten und Verwundungen etwas galten. So kam es, daß mit meiner Stimme auch meine Frau zunächst abgelehnt wurde. Allerdings kannte ich sie noch nicht.

Auch wenn wir uns also das Kriegsende und die Kapitulation gewünscht hatten, weil anders das Dritte Reich nicht liquidiert werden konnte, so berührte es mich doch schmerzlich, als am Morgen des 4. Mai die ersten englischen Militärfahrzeuge durch unsere Straße fuhren. Ich stand im Vorgarten und gedachte der vielen Kameraden, mit denen ich zusammen in Rußland und in Italien gekämpft hatte, von denen so viele gefallen waren und von denen viele nun einem ungewissen Schicksal entgegengingen, während ein glückliches Schicksal mich wieder nach Hause gebracht hatte. Wenn es auch im allgemeinen zutrifft, daß man nur die angenehmeren Seiten in der Erinnerung behält, so kann das für den Zweiten Weltkrieg sicher nicht gelten. Doch habe ich auch an diese Zeit gute Erinnerungen, vor allem daran, wie viel beherzte Menschlichkeit und Kameradschaft gerade unter schwierigen Umständen mobilisiert werden konnte.

Unser Kreis hatte am Abend des 3. Mai noch zusammengesessen. Schon am übernächsten Tag kamen wir wieder zusammen und begannen damit, das zu verwirklichen, was wir uns vorgenommen hatten. Ob das, was daraus geworden ist, was sich inzwischen vielfach, zuweilen bis zur Unkenntlichkeit verändert hat, noch lange Bestand haben wird, muß angesichts der kritischen Weltlage dahingestellt bleiben. Aber es reihte sich ein in die jahrhundertlangen Bemühungen um ein soziales, liberales, demokratisches und vereinigtes Deutschland.

WALTER DIRKS

Mit aufgekrempelten Ärmeln

An den 8. Mai 1945 kann ich mich, offen gestanden, nicht erinnern. Offenbar war für mich damals die Kapitulation so sehr nur ein Schlußpunkt hinter einem Satz, der bereits zu Ende gesprochen war, daß ich mir die Umstände nicht eingeprägt habe, in denen ich die Nachricht empfing. Über den Rundfunk? Wie sonst. Was bei uns und mit mir in Frankfurt zwischen dem 26. März 1945 und dem 21. April 1945 passiert war, hatte den Tag des „unconditional surrender" durchaus vorweggenommen. Nach der Nacht zum 26. März – ich war gegen 3 Uhr durch Boten zum Volkssturm einberufen worden – stellte ich zu meiner maßlosen Erleichterung früh am Morgen fest, daß die Nazis Frankfurts den Stadtteil Sachsenhausen südlich des Mains aufgegeben hatten; ich hörte mit sehr gemischten Gefühlen gegen 6 Uhr die Sprengungen der fünf Brücken; über eine von ihnen war auch der Volkssturm abtransportiert worden – ohne mich. Einen knappen Monat später, am 21. April, wurde ich von den Amerikanern zum Personalreferenten beim Landesarbeitsamt Hessen eingesetzt. Der kommissarische Leiter des Amtes und ich waren also schon zweieinhalb Wochen vor dem Tag der Kapitulation sozusagen mit aufgekrempelten Ärmeln dabei, am Neuaufbau mitzuwirken. Wir hatten die durch geflüchtete Nazis kopflos gewordenen Arbeitsämter des Landes mit zuverlässigen Demokraten zu besetzen: Sozialdemokraten, Zentrumsleuten, Gewerkschaftern. Ob es vor dem 8. Mai oder danach gewesen ist, als mir am Main-Ufer mit vorgehaltener Pistole zwei amerikanische Sergeanten unser Dienstauto abnahmen, mich also hautnah die andere Seite der Besatzungs-Realität

21

spüren ließen, weiß ich nicht mehr. Ich hatte wohl so etwas geahnt, als ich Ende März in den Gesichtern der GIs unter den kurz geschorenen Köpfen zu lesen suchte. Damals schwor ich mir, es den Amerikanern, auch wenn sie sich nicht ausschließlich als erfreuliche Befreier erweisen würden, nie zu vergessen, daß sie – anders als die von uns überfallenen und in den Krieg hineingeprügelten Nachbarvölker – freiwillig oder doch fast freiwillig ihre Söhne über den Ozean geschickt hatten, um uns, wenn sie schon hauptsächlich die anderen Europäer befreien wollten, doch gleich mitzubefreien.

Jene erste Berufsarbeit nach den Jahren des Wartens war für mich so etwas wie ein Jungbad. Es schien mir sinnvoll zu sein, daß die Amerikaner, die sich im übrigen mißtrauisch daran machten, Ansätze einer rein kommunalen deutschen Organisation zu ermöglichen, mindestens in der Arbeitsverwaltung eine Ausnahme machten und dadurch ein Stück Hessen vorwegnahmen. Ich fand es großartig, daß ich sofort mithelfen konnte, noch vor dem offiziellen Kriegsende. Es erschien mir erst recht sinnvoll, daß wir bei den alten politischen Gesinnungsgenossen vielen wackeren Leuten so rasch produktive Arbeit anbieten konnten; wir kannten sie entweder aus der Weimarer Zeit oder auch, etwa durch die Kirchengemeinden, aus der Nazi-Zeit, manchmal auch nur über Empfehlungen Dritter als gute Demokraten. Tatsächlich hat ja dann die Arbeitsverwaltung dazu beigetragen, daß das mittlere technische und kaufmännische Management und die Gewerkschaften die große Produktion wieder in Gang brachten: ganz ohne Kapitalisten übrigens, deren Aktien und sonstige Vermögens-Titel, soweit sie nicht im Feuer der Städte verbrannt waren, still in unbeachteten Aktenschränken und Safes lagerten, und deren Inhaber irgendwo untergetaucht waren und – aber das wußten wir nicht – ebenso still auf ihre Stunde warteten.

Jene andere Seite der Besatzungspolitik entdeckten wir in unserer Arbeit gleichfalls bald. Mit „Demontagen" hatten wir in unserer Region nichts zu tun. Aber wenn wir einen guten Mann vorschlugen, der uns als „nur nomineller PG" bekannt war, blieben die zuständigen Offiziere barsch oder freundlich dabei: „Die Nazi haben keinen Unterschied zwischen Jude und Jude gemacht – wir machen keinen Unterschied zwischen Nazi und Nazi." Es war gar nicht leicht, den Amerikanern eine differenziertere Sicht der deutschen Verhältnisse unter der Diktatur zu vermitteln: ich selbst habe es in diesem ersten Beruf nicht mehr erlebt, daß uns das gelungen wäre.

Es gab in diesem wahren Frühling und im ersten Sommer der neuen Freiheit noch viel anderes zu tun. Der Frankfurter Katholizismus wurde wach. Das, was wir „Laienbewegung" genannt hatten und nannten, war schon vor der Nazi-Zeit gut entwickelt gewesen, gerade in Frankfurt. Während der Diktatur war das Leben der Gemeinde weitergegangen, nicht zuletzt das liturgische, und das hatte uns sehr zum Aushalten gestärkt. Aber das, was über diese intime Wirklichkeit des geistlichen Lebens hätte hinausgehen sollen, konnte unter den argwöhnischen Blicken der Blockwarte und Kreis- und Gauleiter und der Gestapo nicht gedeihen. Nun atmeten aktionsfreudige Laien auf und ebenso lebendige Priester, und sie fanden sich rasch in diesem und jenem Pfarrhaus oder Laien-Domizil zusammen. Wie von selbst entstand für ganz Frankfurt eine neue Organisation, die wir „Katholische Volksarbeit" nannten. So heißt sie noch heute. Sie fühlte sich zuständig „für alles". Es fing mit Suppenküchen an; für deren Betrieb brauchten wir Räume – Trümmerräume –, Geräte, Menschen, Lastwagen – zum Einkaufen und Einbetteln –, junge Leute, die sie fahren konnten, Bescheinigungen, Beziehungen und Verbindungen, Einfälle, Eifer und Geduld. Wie gut, so viele aktive Glaubensgenossen neu kennenzulernen. Neu war auch, daß wir gute Verbindung mit evangelischen Christen aufnehmen konnten. Dieselbe Volksarbeit organisierte Vorträge und Diskussionen: sie arbeitete an den fälligen Bewußtseinsveränderungen. (Ich selbst war davon durchdrungen, daß der deutsche Katholizismus nicht zuletzt wegen des Mangels an einer soziologischen und politischen Konzeption und Strategie, aber auch durch peinliche Anpassungen und Unterlassungen am Nazismus mitschuldig gewesen war; ich suchte meinen Glaubensgenossen als erste geistige Aufgabe das nahezubringen, was man später „Bewältigung der Vergangenheit" und „Trauerarbeit" genannt hat: ich hatte zwei Jahrzehnte früher aus Max Schelers Aufsatz „Reue und Wiedergeburt" gelernt, daß ein neuer Anfang nur erhofft werden kann, wenn Schuld verarbeitet wird.) Ein „Politischer Ausschuß" der Volksarbeit tastete sich im ungewohnt gewordenen Feld der Politik vor. Es gab noch mehr zu tun, unendlich viel, und wenn ich mir heute klarmache, wie schrecklich diese selben Wochen und Monate für ungezählte andere Deutsche gewesen sind, für die Kriegsgefangenen besonders in Rußland, für Flüchtlinge und Vertriebene, für Ausgebombte, auch für viele von denen, die in den Nazismus verstrickt gewesen waren, dann bekomme ich nachträglich ein schlechtes Gewissen: ich muß mir auch klarmachen, was ich in diesen Wochen in Frankfurt empfunden habe: es war eine Lust, zu leben. Ich war ja auch privilegiert: ich hatte mit einigem Anstand überlebt, mein Haus war fast heil geblieben, Kinder wuchsen heran und wurden gerade in diesen Jahren geboren, und es gab so wunderbar viele gute Dinge zu tun.

Im Herbst strebte ich aus dem provisorischen ersten Beruf heraus in den eigentlichen eigenen und geplanten. Eugen Kogon, aus Buchenwald gerettet, besuchte mich im Sommer, und wir beschlossen, unsere beiden Zeitschriften-Pläne, die einander aus guten Gründen sehr ähnlich waren, zusammenzulegen. Es gab keinen Grund, das nicht zu tun. Im September war es soweit, daß uns die Verhandlungen um die Lizenz und alle Vorbereitungen der Sache selbst so in Anspruch nahmen, daß ich es den Arbeitsämtern des ehemaligen und künftigen Landes Hessen überlassen mußte, ohne mich glücklich zu werden. Am 1. April 1946 erschien die erste Nummer der „Frankfurter Hefte".

Das kurze Intermezzo bei der Arbeitsbehörde „hatte sich ergeben", die Zeitschrift dagegen war geplant – für das, was wir keineswegs „Wiederaufbau" nannten, sondern als Neuaufbau begriffen. Wir waren davon durchdrungen, daß der

Staat von Weimar zwar „die beste Verfassung der Welt" gehabt hatte, aber aus Gründen, die wir zum Teil erkannt zu haben glaubten, nicht nur gescheitert war, sondern aus sich heraus den Faschismus und seinen Krieg hervorgebracht hatte, und das bedeutete unter anderem: daß die schwarz-rot-goldene Linke, das katholische Zentrum eingeschlossen, die dieses Unheil nicht gewollt, sondern bekämpft hatte, es immerhin ermöglicht hat. Eugen Kogon hatte sich vor 1933 und 1938 als österreichischer Katholik für den dort gewachsenen Anti-Kapitalismus eingesetzt; dessen romantische Komponente entdeckte er als National-Ökonom sehr früh, aber dann allmählich auch seinen stände-staatlichen Irrtum. Im letzten Stadium vor seiner Verhaftung durch die in Wien einmarschierenden „Deutschen" 1938 hatte er sich sehr für den linken Versuch der katholischen „Rhein-Mainischen Volkszeitung" in Frankfurt interessiert, der ich mit ebenso jungen Freunden seit 1924 angehört hatte. Die Zeitung, die sich in jugendlicher Frische „das Blatt der jungen Generation" oder gar „das Blatt der entschiedenen Haltung" nannte, war bei einer Minderheit der Katholiken (und bei vielen Nicht-Katholiken) als Außenseiter sehr angesehen: entschieden pazifistisch (und schon deshalb oft in Konflikt mit dem Zentrum), sehr sozial, dem Sozialismus zuneigend, und – mit Joseph Wirth zu reden – „radikal-republikanisch". Wir kämpften mit Schwung und Optimismus gegen das von Jahr zu Jahr an Einfluß gewinnende „schwarz-weiß-rot" reaktionäre Bürgertum, dann seit der Weltwirtschaftskrise 1929 erbittert gegen das von uns früh erkannte Unheil: das faschistische Bündnis dieser Reaktion mit der von Hitler angeführten irrationalen Revolte der bedrängten Mittelschichten – gegen das also, was sich in der Harzburger Front zum ersten Mal als vereinte Kraft und 1933 in den Gestalten Hitlers, Hindenburgs und der Generäle in der frommen Lüge des Gottesdienstes in der Potsdamer Garnison-Kirche symbolkräftig präsentierte.

Es gab am Ende der schlimmen Jahre, die dem Scheitern unserer Bemühungen um eine soziale, wirtschaftsdemokratische, friedliche und friedensbewußte Republik folgten, nicht wenige Deutsche, die auf Hitlers Untergang warteten und sich Gedanken über die Richtung machten, die wir nach dem Ende des bösen Zwischenspiels würden einzuschlagen haben. Dazu gehörten die Leiter des großen katholischen Herder-Verlags in Freiburg. Sie beauftragten mich, der ich im Herbst vorher „wegen politischer Unzuverlässigkeit" berufslos geworden war, im Jahr 1944 damit, für den sozialen und sozialpolitischen Teil des Buch-Verlags ein neues Programm zu entwerfen. Ich war mit regimekritischen Freunden (so mit Clemens Münster in Jena, mit Karlheinz Knappstein in Frankfurt und anderen) ohnehin ständig dabei, mit einer gewissen Hartnäckigkeit die Konsequenzen aus zwanzig Jahren Republik und Diktatur zu ziehen; ich trug den Herren in Freiburg dann aber auch vor, es müsse bis ins 19. Jahrhundert hinein so viel umgedacht werden und für das 21. soviel neu gedacht werden, daß es kaum möglich sein werde, gleich fertige Bücher zu planen und neben den überlebenden alten auch neue Buchautoren zu finden. Eine Monatszeitschrift sei geeignet, die neuen Themen anzureißen und die Autoren dafür zu sammeln. Die Zeitschrift, die ich so entwarf, ist dann in unserem eigenen Verlag erschienen. Daß Eugen Kogon im KZ sehr parallel gedacht hatte, war für mich eine Bestätigung, daß wir auf dem richtigen Wege waren.

In unserer Konzeption gingen wir von der Voraussetzung aus, daß die überlebenden alten und neuen Sprecher aller in Frage kommenden produktiven Schichten und Gruppen, insbesondere die großen Parteien, in der Verborgenheit der zwölf Jahre des Regimes und des Krieges intensiv beobachtet, nachgedacht, gelernt und ein geläutertes nüchternes Konzept der neuen Aufgaben entwickelt hätten. Wir dachten so groß von der Reinigungskraft der Verfolgung und des Krieges, daß wir unter anderem mit zwei historischen „Versöhnungen" rechneten: der zwischen den Sozialisten und den Christen und der zwischen den beiden seit 1917 und 1919 verfeindeten Flügeln der sozialistischen Arbeiterbewegung. Wir unterschätzten dabei sowohl die ideologischen Absichten und die

Interessen der Amerikaner als auch die Regenerationskraft des im Faschismus disqualifizierten und durch die letzten Zerstörungen zunächst irreal gewordenen Kapitalismus. Gegen den Weiterbestand des kleinen und mittleren Produktionseigentums der Industrie, des Handwerks, des Handels, der Bauern war nichts einzuwenden – wir waren keine Ideologen –, aber den Kern der großen Produktion dachten wir eingebunden in einen von oben, vom demokratischen Staat her, und von unten („genossenschaftlich") zusammenwachsenden Sozialismus; seine Motivationen glaubten wir in den beiden Traditionen der Arbeiterbewegung und im sozialen Impuls des Christentums vorzufinden. Wir haben uns getäuscht, und zum zweiten Mal ist in unseren Augen eine real-mögliche große humane Konzeption der deutschen Gesellschaft und des Staates mißlungen.

Nun, daraus haben sich neue Aufgaben ergeben. Aber ob wir in ihnen unverdrossen irgendwo dabei sind oder ob wir kurztreten müssen, am Ende gar resignativ, mindestens abwartend: jedenfalls waren es große Perioden unseres Lebens, als wir zweimal, in der Mitte der Zwanziger und in der Mitte der Vierziger Jahre, glauben konnten, auf dem Weg zum Gelingen zu sein.

INGEBORG DREWITZ

Kalenderblätter Berlin 1945

Noch immer Luftminen jede Nacht und auch über Tage. Stadtteil um Stadtteil wird ausradiert, steht auf den Flugblättern, die mit den Bomben zusammen abgeworfen werden. Im Uhrzeigersinn? Gegen den Uhrzeigersinn? Wer fragt schon noch! Die Front zieht sich um Berlin zusammen. Irgendwann muß es doch zu Ende sein. Wann nur? Männer und Kinder sind längst zum Volkssturm gezogen, heben Schützengräben aus und errichten Panzersperren, erst in den Vororten, dann weiter stadteinwärts. Aber die Stadt- und Ringbahnzüge halten den Fahrplan ein. Ein heißer Frühling. Die Forsythien blühen schon Ende März. Alle Gesichter sind durchscheinend. Überleben ist nicht einmal mehr ein Wort. Die Kinos sind übervoll, Binding und Storm, stille Seen, Wälder, Blubo*. Bei Alarm wird die Vorstellung nach dem Angriff fortgesetzt, wenn das Kino noch steht.

Der Stadtplan zerfällt in Bezirke. Erobert. Noch nicht erobert. Stalinorgeln in Steglitz. Einschläge in Friedenau. Die Stadtbahnzüge fahren nun nicht mehr. Der Bäcker verbäckt den letzten Sack Roggenmehl. Freie Brötchen. Wir stehen Schlange im Hausflur, während die Vorhut der Russen vom Kirchhof herüberschießt. Jungen in schlotternden Uniformen hasten an uns vorbei, als wir mit den Brötchen im Netz aus der Haustür treten. Fanatisch (oder verzweifelt?) werfen sie sich in die Knie, schießen quer über die Straße, hasten weiter, drüben die Russen, hier sie. Einer greift das Brötchen, das du ihm hinhältst. Morgen liegen Jungen und alte Männer mit

---

* „Blut und Boden".

den Gesichtern auf der Böschung des Südrings. Die Kastanien haben alle Kerzen aufgesteckt.

Sirup und Öl fließen in den Rinnstein. Plünderung. Einer schleckt den Sirup, einer pinkelt in den Sirup. Die Gesichter sind grün, die Hände glänzen vom Öl. Manche erbrechen sich. An den Wasserpumpen steht ihr vier, fünf Stunden an. Welche erzählen prahlend von der Vergewaltigung (was ist das schon!), andere haben sich das Leben genommen. Die Amseln bauen zum zweiten Mal Nester in diesem Frühjahr. In den Müllgruben wühlen die Ratten und feiern Vermehrung. Der Führer hat sich nach Argentinien gerettet! Der kommt wieder! erzählen dicke alte Frauen. In der Hauptstraße haben sie noch 'n paar Jungens gehängt, die türmen wollten. Mein Gott, die Eltern! Unserer hat's letzte Mal im Februar geschrieben! Nicht denken, erzählen. Während Panjewagenkolonnen auf Laubacher und Schloßstraße nach Süden ziehen, nach Sachsen, ob das wahr ist? Aus den beschlagnahmten Wohnungen ist trunkenes Singen zu hören, Balalaikasentimentalität. Wo immer Pferde gefallen sind, kauern welche und schneiden Fleischstücke aus den geblähten Bäuchen.

Typhus, Ruhr. Ein neuer Magistrat hat sich gebildet. Wer stirbt, wird in einem Laken, einer Decke, einem Sack zum Kirchhof geschleppt. In Vorgärten und auf Höfen soll nicht mehr begraben werden. Über den Südring fahren Züge mit Beutegut. Die zweiten Gleise werden abmontiert. In der Mark soll das Vieh abgeschlachtet sein. Hunger. Tausende pressen sich in die S-Bahn-Züge, die irgendwo auf Teilstrecken wieder fahren, klettern auf die Dächer. Tausende bleiben zurück. In der Mark ist nicht ausgesät, heißt es. Oder die Saat in Panzerschlachten niedergewalzt. Die Amis! habt ihr gehört? Kommen über die Potsdamer Chaussee, Unter den Eichen, Schloßstraße, Rheinstraße, Hauptstraße. Wer hat noch die Kraft, nur aus Neugier dahin zu gehen? Wir schleifen Kartoffelsäcke, wenn's irgendwo Kartoffeln gibt, wir schleifen verkohltes Holz aus den Ruinen. Immer stürzen welche ab, die sich zu hoch hinauf gewagt haben. Auch den Südwestkorso kommen Amis entlang. Kräftige Neger in den aufgeklappten Panzertürmen. Würden gern winken, rufen. Aber der Befehl heißt No fraternisation! Daß sie den Negern wieder den ganzen Dreck zeigen! sagt ein alter Mann. Die kleine blondierte Friseuse steht in der Ladentür und wirft Kußhände.

Vater baut aus Kistenbrettern und einem rostigen Kinderwagengestell einen Handwagen und streicht ihn mit einem Rest Farbe silbergrau. Sieht schön aus, sagt er und streicht auch die Klosettbrille silbergrau. Wir haben alle die Ruhr und Vater spuckt Blut. Seit er quer durch die Stadt bis zur Oberspree gelaufen und auf dem Fabrikhof verhaftet worden ist, weil Ingenieure abtransportiert werden sollen und er doch zwischen denen, die den Maschinenpark abluden, hilflos umhergeirrt ist und sein Reißbrett mit den letzten Konstruktionszeichnungen nicht hat finden können, und seit er, wir wissen nicht wie, wieder nach Hause gekommen ist, hat er einen Tick, sagen wir.

Rings um die ehemaligen Luftwaffenkasernen in Dahlem Zehntausende. Sitzen auf den Beeten in den Gärten, auf Bordsteinen, Türschwellen – do you speak English? – warten. Manche haben schon den Fragebogen. Mitglied. Nichtmitglied. Schuldig. Unschuldig. So viele Organisationen hat es also gegeben. So viele Möglichkeiten zur Mitläuferschaft! Die Amis brauchen Hauspersonal. Wie viele lügen da: No no no? Die Amis brauchen Kohlenträger, Heizer, Köchinnen, Kindermädchen, Stubenmädchen mit 1 A Fragebogen natürlich. Der Geruch von Currywurst hängt verführerisch über Dahlem. Endlich bist du an der Reihe, schiebst das Papier über den Tisch, stammelst was Englisches. Eine in prall sitzender Uniform mustert dich mit verkniffenen Augen. Too small, sagt sie, I think you are ill! The next please! Du taumelst nach Hause, kannst kaum noch die Treppen hochsteigen und winkst ab, als Mutter fragt, ob sie dich, hoffentlich doch! genommen haben.

Die Schwestern ziehen über Land. Welche aus der Straße haben gesagt, wo gelbe Futterrüben reif sind. Die Schwestern graben sie aus und drehen die Strünke ab. Die Säcke füllen sich und sie kauen. Der Sand knirscht zwischen den Zähnen. Sie sind Felddiebe, aber sie kauen, kauen bis sie satt sind. Und es ist ein seidiger Septembertag. Überleben ist nicht mehr nur ein Wort. Plötzlich steht ein junger Russe neben ihnen, hat Gefallen am roten Pullover der Jüngeren und drängt beide lachend und mit der Pistole in der Hand auf den Landauer, von dem er abgesprungen ist. Er knallt mit der Peitsche, der Rappen ist kaum zu halten. Dieti ilrajut nadworje, fällt den Schwestern ein, einer dieser Sätze, die sie in diesem Sommer gelernt haben, in dem die Kinder nicht draußen spielten. Beim Aussteigen hilft der junge Russe. Eine Frau mit einem Kopftuch gibt ihm das Zeichen, daß er den Wagen in den Hof fahren soll, schiebt die Schwestern ins Haus und zur Veranda in den Garten hinaus. Lauft, was ihr könnt, flüstert sie, anderes kann ich nicht für euch tun! Nachher gegen Abend, als sie die Bahnstation sehen, singen die Schwestern zum ersten Mal in diesem Jahr.

Oktober. November. Es gibt wieder Post. Todesnachrichten. Die Radiomeldung vom August verdichtet sich, immer noch eine Nachricht ohne Bildkraft. Am 6. August wurde die erste Atombombe – eine ganze Stadt in einer Minute – das Geflüster verdichtet sich, das quälend Unvorstellbare wird zur Gewißheit: Gaskammern, Mord an Millionen Juden.

Die Städtische Oper eröffnet im Theater des Westens mit Fidelio. Alle frösteln in den Mänteln. Viele weinen.

Oder war es anders? War das Jahr 45 schon das Jahr des Anfangs, das Jahr der Erlösung? „Die Hitler kommen und gehen, aber das deutsche Volk, der deutsche Staat bleibt bestehen – Stalin" stand auf den nach der Kapitulation Berlins am 2. Mai hastig aufgestellten Anschlagbrettern zu lesen. Hitler war tot, viel zu spät. Die Millionen Toten des Krieges waren noch nicht addiert. Das Land war verwüstet, die Städte zerstört, die große Flucht hatte eingesetzt. Die moralische Katastrophe drang kaum schon durch das Elend ins Bewußtsein der Deutschen. Die Lügen der Nazis, die Perversität ihrer Verbrechen waren vom Schmerz verschüttet, der kaum eine Familie ausgelassen hatte. Die Zukunft hatte keine Konturen, aber die reinen Wörter: Brüderlichkeit, Toleranz, Frieden waren noch gültig, hatten noch Hoffnungswert.

Schon in der ersten Woche nach dem 8. Mai wurden Lebensmittelkarten ausgegeben, Anrecht auf Minimalrationen, aber die Versorgung der großen Stadt war vorbereitet. Schon Mitte Mai wurden die Schulen wieder eröffnet und Russisch als Pflichtfach eingeführt. Geschichtsunterricht sollte es nun für ein paar Schülergenerationen nicht geben. Die Soldaten mit den Kittelblusen und den breiten Achselklappen schenkten den Kindern klebrige Bonbons, die sie aus schmuddligen Tüten polkten, auch Papyrossis. Die kleinen Angestellten und die kleinen Beamten, die keine PGs gewesen waren, fegten den Ziegelschutt von den Schreibtischen, die Arbeiter, die keine PGs gewesen waren, halfen beim Verladen der Maschinenparks. PGs, Mitglieder der SA, SS, NSKK und anderer für schuldig befundener NS-Organisationen wurden zu Aufräumkolonnen zusammengestellt, und die Alten und die Kinder vom Volkssturm zogen in Gefangenenkolonnen durch die Straßen. Wieder funktionierte das Denunziationssystem, das die Nazis entwickelt hatten. Mitläufer zeigten Mitläufer an. Fabrikherren, Filmstars, höhere Funktionäre von Partei und anderen Organisationen hatten die Stadt im April auf der noch offenen Fünfer Straße Richtung Hamburg verlassen. Es gab nicht mehr arm und reich. Die Spar- und Bankkonten waren gesperrt. Im Westen, hieß es, wäre es anders. Gab es Gerechtigkeit?

Im Stadtparlament waren vier Parteien vertreten, der Alliierte Kontrollrat nahm seinen Sitz in Berlin, die Alliierte Kommandantur kontrollierte die deutsche Verwaltung, von August an erschienen in allen Sektoren (damals waren es noch drei) soeben lizenzierte Tageszeitungen, im September wurde der Festakt für die Opfer des Faschismus gehalten, und Weihnachten wurde in überfüllten Kirchen und Gemeindesälen gebetet. Brüderlichkeit, Toleranz, Frieden... aber das deutsche Volk, der deutsche Staat bleiben bestehen. Die Kohlenplätze der Besatzungsmächte wurden scharf überwacht. Doch der Winter war milde, nur ein paar Schneetage. Die in den Wohnungen erfrieren sollten, hatten noch ein Jahr Wartezeit. Bis zur Spaltung des Stadtparlaments, bis zur Blockade der halben Stadt sollten noch drei Jahre vergehen. Der weiche Schanker breitete sich aus, auch Syphilis. Gegen Typhus wurde erst im nächsten Sommer geimpft. Frauen in Männerhosen klopften die Ziegel aus den Trümmerhaufen kantig und schichteten sie, groteske Bemühung im Angesicht der Zerstörung. Frauen erfanden Kartoffelschalengerichte, Frauen sammelten Eicheln in den Parks und den geringen Eichenbeständen der Wälder. (Vier Jahre lang wurde Eichelmehl mit verbacken.)

Oder war es noch anders? Waren da nicht die Romane und Gedichte, die von Hand zu Hand gingen, auf grauem Papier, schlecht gesetzt, lange verbotene Autoren, die wiederzulesen, neuzulesen Tradition und Anfang verband? Oder die Konzerte in den halb zerstörten Wohnungen? Oder die Theater, ungeheizt, Stätten der leidenschaftlichen Auseinandersetzung mit dem Tod, mit dem Leben, selten genug schon mit der eigenen Zeit, mit der eigenen oder der kollektiven Schuld.

Was war das damals: Zukunft? Auf den Trampelpfaden zwischen den Ruinen ahnte niemand die Asphaltbahnen und Hochstraßen voraus; zwischen den Brennesseln- und Johannisblumenhalden gab es den Traum von den gläsernen Türmen nicht, zwischen denen wir heute leben, in denen wir heute arbeiten. Am Teltowkanal, an der Havel, im Wedding, in Kreuzberg und Neukölln gab es die Grenze nicht, die heute die halbe Stadt umschließt. Karlshorst und Pankow, aber auch Potsdam, Leipzig, Plauen, Dresden, Zittau, Rostock waren erreichbare Ziele, zu Fuß vielleicht oder mit dem Fahrrad und später auch mit dem Personenzug. Die Stadt war noch eine Stadt mitten im Land, eine arme, eine ausgepowerte Stadt. (Noch nach acht Jahren würde ein Viertel der Arbeitsuchenden arbeitslos sein.)

Warum blieb man? Warum bliebt ihr? Warum blieben wir, als die reinen Wörter keinen Klang mehr hatten? Als die Romane und Novellen und Gedichte und Balladen und Theaterstücke uns genugsam beschäftigt, aber unser Leben nicht eingelöst hatten? Als der Zweifel an der Verläßlichkeit jeder Mitteilung wuchs?

Fünfundzwanzig Jahre, die besten Jahre des Lebens, wie man sagt. Natürlich Gräber, natürlich Einbußen, aber die Kinder wuchsen heran. Viele Freunde zogen aus der Stadt weg, andere leben im für uns unerreichbaren Teil der Stadt. Die Zufahrten zu unserer, der westlichen Stadt, könnten von Dante erfunden sein, aber die Grundstücke in der Stadt sind teuer, die Mieten hochgeschnellt. Niemand spricht mehr von Brüderlichkeit, und Toleranz ist verdächtig geworden, denn Frieden hat sich als Slogan für Machtkampf entlarvt. Die Stadt, diese halbe Stadt Berlin ist ein strategischer Ort, ein absurder Ort, ist eine Reise wert.

Warum bliebt ihr? Warum sind wir geblieben?

Wegen der Berliner Philharmoniker? Wegen der Theaterspielpläne? Wegen der interessanten Galerien? Wegen der vier Wände, in denen ihr euch eingenistet habt? Oder weil ihr hier zu Hause seid? Jede Antwort ist banal und ungenau, weil sie taub macht statt hellhörig für die Slogans und Phrasen und Ideologien, von denen der Äther schwirrt.

Damals, als die Nachrichten sich verdichteten: Hiroshima und Auschwitz und Majdanek und Treblinka und Buchenwald und Dachau, und – hinter der Hand geflüstert: Workuta, aber auch Bautzen – damals war Fidelio noch Trost. Es kommt auf uns an, sagten wir, auf jeden von uns. Und das war unsere Hoffnung. Das war endlich unsere Hoffnung.

Vielleicht denken wir deshalb an jenes Jahr wie an einen Anfang zurück, der uns abhanden gekommen ist.

Nachbemerkung
Wenn ich die „Kalenderblätter 1945", die ich 1970 nach Notizen aus dem Jahr 1945 aufgeschrieben habe, durchlese, wenn ich das Kapitel 1945 aus meinem Roman „Gestern war heute – hundert Jahre Gegenwart" durchlese, fällt mir auf, wie sehr wir, die Kriegsgeneration, wie sehr ich als Berlinerin,

dieses Jahr als ein Jahr zwischen den Zeiten erfahren haben. Die Last des Wissens um die so kaum vorstellbare Perversion der Humanität wurde aufgewogen durch das Bewußtsein von Verantwortung, die wir als Generation, die ich als eine dieser Generation auf mich nehmen wollte. Dem Grauen war nicht auszuweichen. Das, was später einmal Trauerarbeit genannt werden sollte, schien selbstverständlich, und das Nachdenken über die Freiheit, das Handeln für die Freiheit jedes einzelnen war auch ein Nachdenken über die Gerechtigkeit, ein Handeln für die Gerechtigkeit. Wir, die wir überlebt hatten, waren jung und glaubten für den kurzen geschichtlichen Augenblick, den Menschen der Zukunft, die sozialen Verhältnisse der Zukunft so verändern zu können, daß sich nie und nirgends wiederholen würde, was als deutsche Schuld nicht mehr tilgbar war.

Ein Augenblick des Aufatmens (aller nackten Not zum Trotz), ein Augenblick des Einatmens auch, eine Erfahrung, die wir den Nachgeborenen voraus haben. Oder vielleicht nur eine Täuschung, eine Illusion, der wir aufgesessen sind, als wir's uns zutrauten, uns und mit uns den Mitlebenden Freiheit und Gerechtigkeit als Maß zu setzen?

LISELOTTE FUNCKE

Aus meinen Tagebuchaufzeichnungen 1945

24. April 1945
Am 15. März brannte unser Haus nach einem Großangriff aus der Luft ab. In kurzer Zeit stand es in hellen Flammen, kaum daß wir noch mit einigen Sachen durch die Waschküche ins Freie kommen konnten. Denn schon schlug das Feuer die Kellertreppe hinunter.

Hagen war ein Trümmerhaufen und ein Flammenmeer, jedenfalls soweit man sah, und das waren in erster Linie die nahen Häuser, da die weitere Stadt im dichten Qualm verschwand.

Ich kann nur sagen, daß ich eigentlich nichts empfand, als wir neben dem brennenden Haus standen, das 20 Jahre lang unser Heim war. Waren die Nerven von den Schrecken des Angriffs und der Todesnähe noch zu sehr angespannt? Standen wir unter der fast hypnotischen Gewalt des riesigen Feuers? Oder hatten uns die täglichen Angriffe auf die Nachbarstädte auf dieses Schicksal vorbereitet? Ich glaube, dies alles bewirkte die scheinbare Gleichgültigkeit, mit der ich diese Nacht und auch die folgende Zeit erlebte.

Der Anblick der Flammen war so urhaft und überwältigend, daß mir die Zerstörung gar nicht so recht bewußt wurde, nur die eigene Ohnmacht, bis der praktische Sinn meiner Mutter uns zur Realität zurückrief, zu retten, was noch gerettet werden konnte. Doch bot das Feuer diesem Tun bald ein Ende. Ein neuer Angriff aus der Luft ließ uns draußen schutzlos dem Schicksal ausgeliefert sein. Jetzt kam uns das Grauen an, als wir die Leuchtkugeln über uns sahen und die Flugzeuge hörten, deren Bomben näher oder ferner niederschlugen.

Gott sei Dank waren wir alle gesund geblieben, doch niemand von uns wußte, wo wir in der nächsten Nacht unsere Glieder würden ausstrecken können.

Waren wir vorbereitet auf die Niederlage? Stalingrad, der Rückmarsch aus Afrika, der blitzartige Rückzug aus Frankreich, der Einfall der Russen im Osten, das Vordringen der Westmächte in das Ruhrgebiet ließen nichts mehr hoffen. Die Amerikaner hatten in den Apriltagen den Rhein erreicht. Sie rückten südlich und nördlich des Ruhrgebiets vor, umzingelten uns und sandten uns Schwärme von Bomberverbänden und Tiefffliegern, so daß man sich keine Minute lang mehr sicher fühlen konnte. Der Krieg ist verloren, aber er wird fortgesetzt mit verzweifelten Mitteln, mit Baumstämmen, Heckenschützen, Volkssturm-Greisen, Kindern und den letzten Aufgerufenen: den Werwölfen.

Unsere Stadt ist ein Trümmerfeld. Sollte sie auch noch zur Festung werden? Dazu die drohende Hungersnot und die Abgeschnittenheit von den Angehörigen außerhalb und innerhalb des Kessels. Am 9. April setzte deutlich hörbar Artilleriebeschuß von Dortmund und Bochum her ein. Gerüchte liefen um, ob Hagen verteidigt oder kampflos übergeben werden sollte. Wir hofften das Letztere. Am Freitag, dem 13. April, wurden die Lebensmittel der Einzelhandelsgeschäfte und die Lager der Großhändler zum Verkauf freigegeben. Sofort entstanden unendliche Schlangen. Ich stand gleichzeitig an zwei Schlangen an, bis mich meine Schwester an einer der beiden ablöste. Doch schon fegten wieder Tiefflieger über uns hinweg, und in nächster Nähe schlugen Bomben und Bordwaffengeschosse ein. Wir flüchteten vorübergehend in die Öffnung eines ausgebrannten Hauses, aber sobald das Flugzeug abgedreht hatte, eilte alles wieder nach draußen. Zäh und verbissen verteidigte jeder seinen erstandenen Platz, noch ungewiß, ob wirklich etwas gekauft werden konnte. Immer wieder kreisten die Flugzeuge und brachten die Schlangen in Unordnung. Denn nun kämpften diejenigen, die am längsten gestanden hatten, mit denen, die in Fliegergefahr standhaft ausgehalten hatten. Es war furchtbar. Nichts

Menschliches hatte dieser Kampf mehr, es war nackte Gewalt.

Am nächsten Morgen standen meine Schwester und ich ab $^1/_2$ 6 Uhr an verschiedenen Stellen wieder an. Ununterbrochen kam Militär vorbei, kreuz und quer. Müde Pferdegespanne, halbkaputte Lastwagen, umherirrende Infantristen, aufgelöste Trüppchen und Fahnenflüchtige. Alles machte den Eindruck völliger Ratlosigkeit. Gerüchte jagten durch die vorläufig noch ruhige Schlange. Würde Hagen verteidigt werden? Die Amerikaner sollten schon in Dahl sein. Die Panzersperren rings um Hagen seien geschlossen. Inzwischen wuchs die Schlange endlos, kam durcheinander mit der Heringsschlange ein paar Häuser weiter, stieß auf eine Trichterabsperrung und setzte sich quer über die halbe Straße fort, auf der sich ununterbrochen Wehrmachtsgefährte aneinander vorbeischoben.

Plötzlich hielt ein Motorrad mit zwei Soldaten. Sie fragten nach dem Weg. Der Fahrer zog etwas hervor, und im Nu war er umringt. Schokolade! Ein Knäuel von drängenden und schlagenden Menschen tobte um ihn, riß ihn fast um. Kinder schrieen, Frauen keiften, Männer und junge Mädchen siegten. Es war abscheulich. Ein Menschenauflauf von etwa 10 m Durchmesser um ein kleines Pappschächtelchen in der Hand eines müden Soldaten.

Endlos lange dauerte das Warten, und je näher ich dem Eingang kam, um so wilder wurde das Gedränge. Gerade hinter mir ließ man das eiserne Gitter herunter, damit der Laden nicht gestürmt wurde. Dabei war bereits das Wichtigste, das Butterschmalz und der Zucker, ausverkauft, und die Nährmittel gingen zur Neige.

Da – es war schon nach 11 Uhr – brachte jemand die Nachricht: um 12 Uhr wird die Stadt übergeben. In der gegenwärtigen Lage empfanden wir dies als eine große Erleichterung. So sollte uns das letzte sinnlose Blutvergießen erspart bleiben. Was danach kommen würde, war unausdenkbar. In solchen Augenblicken ist das Nächstliegende wie eine Erlösung: die Öffnung der Ladentür. Um $^1/_2$ 12 war ich fertig. Nach 6 Stun-

39

den und noch ohne Frühstück. Doch ich eilte weiter. Schlangen drängten, schrieen, kämpften, Türen wurden gewaltsam geschlossen. Es war sinnlos. Ich kehrte fast unverrichteter Sache heim.

Jetzt waren wir eine eroberte Stadt. Nachmittags gegen 16 Uhr setzte jedoch ganz plötzlich heftiger Artilleriebeschuß ein. Ich stand gerade wieder in einer Schlange, als in unmittelbarer Nähe Geschosse krepierten. Was war das? Würde Hagen doch noch verteidigt? Wir wußten nicht, daß es der eigene sich zurückziehende Volkssturm war, der uns die Salven in die Stadt schickte. Wie gejagt floh ich zum Bunker, ein weinendes Kind an der Hand. Die Geschosse heulten durch die Luft und schlugen immer wieder ein. Gerade als ich die Tür zu unserer Notunterkunft erreicht hatte, krepierten drei Granaten in unmittelbarer Nähe, später noch mindestens fünf weitere. Es war nicht möglich, den Keller zu verlassen.

Und gleichzeitig kamen die Nachrichten, daß die Ausländer angefangen hätten, die Stadt zu plündern. Die Großhandelsgeschäfte seien erbrochen, eine blinde Raub- und Zerstörungswut habe um sich gegriffen. In einem Großhandelslager wateten die Plünderer in einem Gemisch von Wein, Mehl, Zucker und Gips. Die Bekleidungsgeschäfte wurden zum Schauplatz wüster Schlägerein um die Beute, und bald waren weder Einzelhändler noch Private ihrer Habe sicher. Wer sich wehrte, riskierte sein Leben.

Die deutsche Polizei war gefangen nach Lüdenscheid abtransportiert worden. Sie mußte dort zwei Tage ohne Verpflegung im Freien ausharren. Derweil hausten in der Stadt die Ausländer in einem wahren Raubrausch und auch Deutsche beteiligten sich daran. Betrunkene Männer wurden zur allgemeinen Gefahr, die Waffen saßen locker. In jeder Stunde drangen neue Hiobsbotschaften zu uns. Die Deutschen erfaßte Bitterkeit. Für uns hatte es seit Wochen nichts gegeben. Stets hieß es, es sei nichts da an Kleidung, Mehl, Kaffee-Ersatz, Wein, Salz, Zucker, Nährmittel, Fett, Konserven – und nun wurde es waggonweise von den Plünderern geraubt. Was steht uns noch alles bevor?

Der Artilleriebeschuß ließ am folgenden Sonntag nach, so daß wir nach einer unbequemen Nacht im Keller gegen Mittag wagten, wieder nach oben zu gehen. Mit meiner Schwester ging ich nachmittags zu unserer zerstörten Wohnung. Die Straße war menschenleer. In der offenstehenden Garage saßen zwei Russen oder Polen. Vorsichtig wichen wir aus. Unsere Kaninchen waren geschlachtet. Einsam kuschelten sich die zwei Jungen in einer Ecke des Stalls zusammen. Wir legten sie in unsere Tasche und nahmen sie mit.

Inzwischen waren die Amerikaner die Herren der Stadt. Überall standen bald kleine Menschengruppen auf der Straße zusammen und tauschten ihre Erfahrungen mit ihnen aus. Fazit: die amerikanischen Landser waren scharf auf drei Dinge: Wein, Gold und Frauen. Sonst ist im Hinblick auf die Lebensmittelfrage die Besatzung die denkbar mildeste. Die Amerikaner requirieren nichts. Ihre gesamte Verpflegung bringen sie in Büchsen über den Ozean.

Die Lebensmittelfrage für die deutsche Bevölkerung ist brennend. Noch über eine Woche herrschten Plünderei und Willkür im schlimmsten Maße. Jede neue Stunde brachte neue Schreckensnachrichten. Die Folge dieser Plünderung ist die Unmöglichkeit, etwas in Hagen einzukaufen. Sämtliche Geschäfte sind geschlossen. Wie lange, weiß niemand. Das ist insbesondere bei Brot und Kartoffeln eine Katastrophe. Nur einige Bäcker haben noch Mehl und backen, bei ihnen entstehen unendliche Schlangen. Morgens zwei bis drei Stunden vor der Polizeistunde stehen bereits die hungernden Menschen auf den Straßen, eiskalt, in Decken gehüllt, wenn der Mantel verlorenging, geduldig wartend, zwischen Furcht und Hoffnung, manches Mal bis zu sieben Stunden, und dann sind nur 150 Brote da, und eine große Menschenmenge zieht unverrichteter Sache wieder heim, um noch am gleichen oder am nächsten Tag nach langer Wanderung in den Vorstädten erneut ihr Heil zu versuchen. Und dabei muß man immer wieder erleben, daß sich bei Öffnung des Geschäftes Ausländer von der Seite eindrängen und mit Gewalt Vorabbedienung verlangen, so daß für die Deutschen nichts oder nur wenig übrigbleibt. Oder die Amerikaner drehen aus unverständlichen Gründen einfach die Schlange um, so daß die Zuletztgekommenen zuerst ihr Brot erhalten. Die Verbitterung ist unbeschreiblich.

5. Mai 1945

Die letzten Tage waren fast voll ausgefüllt mit Fußmärschen in die Umgebung und Anstehen, um das Notwendigste zur Versorgung der Familie herbeizuschaffen. Für ein Brot 20 km Weg.

Schlimmer aber als die Brotfrage war für uns in der Fabrik, wo wir notdürftig untergekommen waren, die Ausländergefahr. Wir hatten über 400 Ausländer beschäftigt, 70 französische Kriegsgefangene und alle übrigen russische und polnische Zivilarbeiter, Männer und Frauen, die sämtlich im Fabrikgelände in Baracken und Unterkünften und nach der Zerstörung von zwei Baracken in den Kellerräumen des Werks lebten. Sie hatten Waffen, wir nicht. In den ersten Nächten nach dem Bombenangriff schliefen wir mit den übrigen deutschen Hausbewohnern und Einquartierten im Keller des Verwaltungsgebäudes. Erst allmählich trauten wir uns nach oben in die einzelnen Wohnungen. Doch trotz vielerlei Nachrichten von Gewalttätigkeiten blieben wir von ernsten Schäden bewahrt. Man konnte schnell feststellen, daß dort, wo die Russen während ihrer Arbeitsverpflichtung menschlich behandelt worden waren, es keine Angriffe auf Personen gab. Überdies schützten uns die Franzosen. Einer von ihnen meldete uns eines Abends, daß ein starker, bewaffneter Ausländertrupp auf dem Anmarsch zur Fabrik und zur Wohnsiedlung sei und dort plündern wollte. In höchster Eile packten wir unser Notgepäck und warteten im Keller auf das Weitere, bereit, notfalls durch den Tunnel zu fliehen. Eine Benachrichtigung der Polizei war sinnlos, denn noch sitzt die Polizei, entwaffnet, mit Armbinden, untätig und ohne Weisung herum. Und die Amerikaner kümmern sich nicht um einzelne Trupps, diese gehören für sie zur Tagesordnung. So harrten wir bis Mitternacht, doch nichts erfolgte.

Vor einer Woche wurden nun die Russen abgezogen und im Stadtteil Vorhalle zentralisiert. Für die Vorhaller Bürger war der plötzliche Räumungsbefehl bitter – sie waren bisher noch gut davongekommen und mußten nun innerhalb 12 Stunden Haus und Habe auf ungewisses Wiedersehen verlassen. Doch für die Stadt war diese Lösung eine Erlösung. Zweimal fuhr unser großer Lastwagen zum Abtransport. Der Werksfahrer durfte nur bis zur Vorhaller Grenze mitfahren, dann übernahm ein Russe den Wagen, um ihn nach zwei Stunden für die nächste Serie wieder auszuliefern. Als diese geholt war, wartete der Fahrer vergebens auf die Wiederkehr des Wagens, und wir warten heute noch. Jede Eingabe war vergebens.

Nun herrscht Stille um uns herum, denn auch die Franzosen, die sich sehr korrekt gezeigt und im wesentlichen nur Wein mitgenommen hatten, waren am gleichen Tag abgerückt, übrigens nach einem kurzen feierlichen Appell unter der Trikolore, die tagelang vor ihrer Unterkunft geweht hatte. In der Baracke war auch das aus der Firma requirierte Klavier verstummt, auf dem ein russischer Könner von morgens bis abends gespielt hatte – vorzugsweise deutsche Meister.

Im Werk hatte in den ersten Tagen nach der Kapitulation alles geruht. Kein Mensch meldete sich zur Arbeit. Erst als ein Aufruf erfolgte, nach dem die Lebensmittelkarten nicht ausgehändigt werden würden, wenn man nicht zur Arbeit ginge, fand sich eine wenn auch kleine Schar von Mitarbeitern ein. Zugleich aber kam ein Befehl von der Militärregierung, hundert oder hundertvierzig Männer und Frauen zum Schippen zu stellen. Noch sind die Straßen vollgestopft von Schutt und unwegsam durch Trichter und Barrikaden. So wurden große Aufräumungskolonnen gebildet, die in allen Teilen der Stadt schafften, und zwar gründlich. Jede gewerbliche Tätigkeit außer der Lebensmittelversorgung lag brach, um diese vordringliche Aufgabe zu erfüllen. So verbreiterten sich die Wege, aller Schutt von der Straße und den Bürgersteigen wurde in die Hausruinen gekippt und vorn mit einer glatten

Ziegelsteinmauer abgeschlossen. Zugleich mußte zur Vermeidung von drohenden Seuchen die Kanalisation wiederhergestellt werden.

So ist an eine produktive Arbeit im Werk vorerst nicht zu denken. Versand, Einkauf und Korrespondenz liegen völlig still, fährt doch keine Eisenbahn, wird keine Post und kein Telegramm bestellt und gibt es kein Telefon. Wir leben völlig abgeschlossen von der Außenwelt.

20. Mai 1945
Nun ist der Krieg endgültig aus. Das furchtbare Drama spielte sich bis zur letzten Grausamkeit ab. Täglich rückten die Alliierten weiter vor. Bei Torgau fand das erste Zusammentreffen der amerikanischen und russischen Truppen statt. Es wurde als großer Sieg gefeiert. Berlin wurde umzingelt und von den Russen eine Woche schwer bekämpft. Hitler war angeblich vor der Reichskanzlei gefallen. Dönitz – als sein Nachfolger bestimmt – bot die bedingungslose Kapitulation an. Am 8. Mai schwiegen endgültig die Waffen. Ein lange vorausgesehener und erhoffter Augenblick, der in unserem gegenwärtigen Elend an Furchtbarkeit verlor. Es konnte uns in diesem Augenblick die ganze Tragweite des Wortes „verloren" nach einem so totalen Krieg nicht klarwerden.

Der Rundfunk ist von der Besatzung in Beschlag genommen worden. Wir können nur die Nachrichten aus England oder Luxemburg hören. Und daraus erfuhren wir von den Furchtbarkeiten in den Konzentrationslagern. Bei der Besetzung ganz Deutschlands fielen die Lager in die Hand der Alliierten und boten damit der Welt einen Blick in den Abgrund menschlicher – nein unmenschlicher Grausamkeiten. Sofort gingen Tausende von Berichten über den Äther in alle Länder. Korrespondenten, Ärzte und Politiker aus aller Welt trafen ein, um Augenzeugenberichte abzugeben. Ich möchte mich auch heute gern noch sträuben, dies alles für möglich zu halten, aber die schrecklichen Tatsachen sprechen zu deutlich. Mit welcher Schuld ist damit Deutschland belastet!

Eine zentrale deutsche Verwaltung gibt es nicht mehr. Jede

Stadt ist auf sich gestellt und muß versuchen, mit einer vorläufigen Verwaltung unter fremder Oberleitung mit ihren Problemen fertig zu werden. Zunächst übernahm der zweite Bürgermeister die Funktion des Stadtoberhauptes. Er wurde überschüttet mit Fragen, Beschwerden und Bittschriften. Schwierig war auch, daß der Stadtkommandant in Hagen mehrfach wechselte. Noch steht nicht fest, ob die Besatzung amerikanisch bleiben oder englisch werden wird.

Schlimm sieht es mit den Verkehrsverhältnissen aus. Selbst völlig unbedeutende Brücken sind gesprengt worden und fast alle wichtigen Eisenbahn- und Straßenbrücken, so daß Hagen fast nach allen Seiten abgeschnitten ist. Anfang Mai fuhr der erste Zug ins Volmetal. Und in etwa 14 Tagen werden wir wohl mit einigen wenigen Zügen täglich nach Wuppertal und Altenvoerde rechnen können, nicht aber mit Verbindungen über die Ruhr.

Über die Postverbindungen herrscht noch völliges Dunkel. Die Ungewißheit über das Schicksal von Verwandten ist besonders schwer zu ertragen. (Meine Schwester) Wilma* wird in ihrem Lazarett in Cuxhaven in englische Gefangenschaft geraten sein; sie gehört ja zur Wehrmacht. Ein Deutsches Rotes Kreuz gibt es nicht mehr. Wenn sie noch rechtzeitig genug aus dem so hart umkämpften Bremen herausgekommen ist. Aber wo ist (mein Bruder) Oskar? In russischer Gefangenschaft? Verwundet? Die letzte Nachricht vom März meldete ihn vorübergehend in Berlin-Reinickendorf. Wenn er doch nach Westen hin eingesetzt worden wäre! Wir klammern uns an diese Hoffnung**.

Von der Besatzung merken wir im Privatleben wenig, allenfalls kleine Erleichterungen. Die Polizeistunde ist auf 21–5 Uhr festgesetzt worden. Das macht den Tag länger. Die Verdunklungsmaßnahmen sind aufgehoben, und der Him-

---
* Im September 1944 als Krankenschwester bei der Kapitulation von Brest in amerikanische Gefangenschaft gekommen. Ende Februar 1945 ausgetauscht, im April in einer abenteuerlichen Reise zu einem neuen Einsatz in Norddeutschland aufgebrochen.
** In russischer Gefangenschaft, doch bereits im Herbst 1945 krankheitshalber entlassen.

melsfahrtstag wurde wieder als Feiertag eingesetzt. Und schließlich sind die Nazi-Straßennamen ausgewechselt worden. Auch mußten alle Kampfaufrufe, Hitlerbilder und Propaganda-Sprüche an Mauern und Wänden entfernt werden, was in dem Trümmerfeld Hagen keine große Arbeit machte.

Vorerst ist das Nahrungsmittelproblem eine Organisations- und Verkehrsfrage und für die Privathaushalte eine Frage des Ergatterns. Aber ernst ist es, wenn man in die Zukunft schaut. Wo sollen wir auf die Dauer die Lebensmittel hernehmen? Die Besatzungsmächte werden uns nichts liefern. Das sagen sie uns immer wieder deutlich genug. Sie versorgen ihre eigenen Truppen restlos und helfen den deutschen Lazaretten für die Kriegsverwundeten, aber für die Zivilbevölkerung sollen wir selbst sorgen. Aber können wir uns selbst versorgen, ohne die Ostgebiete? Nachdem auch über die bestellten Felder der Krieg gegangen ist, Tausende von Landarbeitern eingezogen, gefangengenommen und geflohen sind und unendlich viel Vieh abgeschlachtet und gestohlen worden ist? Die Amerikaner fassen das Problem mit Energie an. Sie entlassen die gefangenen Bauern, organisieren Landhilfe, stellen Saatgut zur Verfügung und regen überall die Ausnutzung des Bodens besonders in den Städten als Kleingärten an. So werden die städtischen Anlagen umgegraben, Lagerwiesen und leere Plätze. Vielfach greifen die Leute mit oder ohne Erlaubnis zur Selbsthilfe. Jeder will ein wenig Selbstversorger sein. Das ist auch gut so, wenn es einigermaßen mit Fug und Recht zugeht. Zu dieser Selbstversorgung gehört die Suche nach Wildgemüse. „Schlangenweisheit"[*] berichtet, was man alles als Spinat kochen kann: Brennesseln, Sauerampfer, Spitzwegerich, Löwenzahn, Radieschenblätter usw. So haben auch wir auf Wiesen und an Wegrändern „gegrast" und mindestens zweimal in der Woche diesen Universalspinat gekocht und ihn sogar eingemacht. Er war schmackhaft und gesund, und der Sauerampfersalat wurde zur beliebten Delikatesse.

---

[*] Was man in der Schlange erfährt.

Darüber hinaus ging es um den Garten, den wir mit großer Sorgfalt bestellten. Saatgut war nach langem Anstehen zu bekommen. Es war die freundlichste und interessanteste Schlange, die ich miterlebt habe, obwohl sie wohl am längsten ausharren mußte.

10. Juni 1945
In der Stadt wird es wieder eine Stadtverordnetenversammlung geben, zur Sicherung der Selbstverwaltung durch die Bürger. Vater wird dazu gehören. Und auch die Wirtschaft hat alte Verbände wieder aufleben lassen. Gestern kam der ehemalige Leiter der Handelskammer aus der Zeit vor 1933 zu uns und fragte, ob wir noch eine Liste der Handelskammermitglieder besäßen. In der Kammer seien alle Unterlagen verbrannt. Nach längerem Suchen in alten Geschäftsakten fand ich unter viel Staub glücklich das Gesuchte. So werden auch hier wieder Praktiker beratend und beschließend mitwirken.

Inzwischen ist die amerikanische von der englischen Besatzung abgelöst worden. Die Plündereien der Ausländer aus ihren festen Lagern heraus haben daraufhin wieder zugenommen. Radio hört man nicht mehr, so dringt wenig Neues vom Weltgeschehen zu uns. Die Zeitung, die alle zwei bis vier Tage „nach Bedarf" erscheint, bringt ausschließlich Anordnungen und Verfügungen der Militärregierung oder der Stadtverwaltung und nur stichwortartige außenpolitische Meldungen, aus denen sich kein Bild von der Weltlage und unserer Zukunft gewinnen läßt.

23. Juni 1945
Die Russen haben zu unserem Erschrecken über das ursprünglich von ihnen eroberte Gebiet hinaus Mecklenburg, Thüringen und Anhalt beansprucht und zugesprochen bekommen. Ein Strom von Rückkehrern und Flüchtlingen ergießt sich nun nach Westen auf Trecks, Lastautos, Eisenbahnen, Fahrrädern und zu Fuß. Sie schlafen in Bauernscheunen,

erbitten oder stehlen Nahrungsmittel und Kleidung und wissen zu Vieltausenden nicht wohin. Arbeitsmöglichkeiten sind nur in beschränktem Umfange vorhanden. Die Fabriken müssen erst wieder aufgebaut werden. Aber sie werden bei weitem nicht genug Arbeitsplätze bieten können. Dabei trifft der Zwang zu verdienen mehr Menschen als zuvor. Die Kriegsbeschädigtenversorgung und die Kriegerwitwen- und Waisenrente sind gestrichen. Sämtliche Lehrer und ein großer Teil der städtischen Beamten sind gekündigt worden, und auch die Betriebe müssen Mitarbeiter entlassen. Wir hoffen, daß (in unserem Werk) jetzt Teile der Produktion wieder aufgenommen werden können, doch werden es vorerst nur wenige sein...

FRIEDRICH HEER

8. Mai 1945
Wir tanzten die ganze Nacht

Ort: Stellung „Brombeere" der 2. Deutschen Jagd-Division. „Brombeere" liegt bei Bredstedt (ich höre, diese Stellung soll gegenwärtig wieder von der Deutschen Luftwaffe besetzt sein). Bredstedt liegt bei Husum. Der Hauptgefechtsstand der 2. Jagddivision (Luftwaffe) lag bei Stade.

Etwa eine Woche vor Kriegsende saßen wir gemütlich beim Mittagessen: die Landser und die Maiden, die im Luftwaffeneinsatz verpflichtet waren. Die Sonne schien schön warm, wir waren recht zufrieden, ich nehme den Löffel in die Hand, um meinen Eintopf zu löffeln. In diesem heiteren Himmel kommt mir der Befehl des Oberleutnants Lange zu: „Heer, gehen Sie den Engländern entgegen, und kapitulieren Sie für die Stellung." Ich schnalle mein Koppel um, erkundige mich noch nach dem Ist-Bestand (Offiziere, Mannschaften, Maiden), gehe dann langsam durch die Dünen, viele junge Kaninchen laufen mir über den Weg. Ich gehe etwas über eine Stunde, dann sehe ich die Panzer. Montgomery-Panzer, aus Afrika. Die Panzer bleiben stehen, ich salutiere, mache Meldung – ohne Hitler-Gruß (stillschweigend war dieser nach dem Tode Hitlers wieder aus dem Verkehr gezogen worden). Der englische Oberleutnant grinst, als ich in meiner Meldung die deutschen Maiden als „Wafs" namhaft mache (das war die analoge englische Bezeichnung für weibliche Dienstverpflichtete in der Armee etc.).

Am Abend dieses Tages „meiner" Kapitulation organisierte ich den Austausch englischer weißer Brote gegen die von den Engländern sehr begehrten deutschen Kommißbrote. Am Tag darauf organisierte ich ein Fußballmatch zwischen „meiner" Mannschaft, die nicht mir gehörte (wem gehörten diese Deutschen im Mai 1945?) und einer englischen Mannschaft. Ich lieh mir von den Engländern einen Goalkeeper aus, da ich keinen geeigneten Mann hatte. Die Engländer mußten natürlich auch Wach-Mannschaften stellen – gegen ihre eigenen Offiziere. Schließlich war Krieg, Zweiter Weltkrieg, da gibt es so etwas einfach nicht, wenn es mit rechten Dingen zugeht, daß da die Landser Fußball spielen, die von hüben und die von drüben.

Dann zogen die Panzer weiter.

Wir tanzten die ganze Nacht. Wir tanzten die ganze Nacht. Wir: die Unteroffiziere, die Mannschaften, die Maiden. Die Offiziere hatten sich in ihre Unterkunft zurückgezogen.

Der Feldwebel Heer tanzte, nicht, weil er sich etwa über den „Untergang Deutschlands" freute. Er tanzte, weil der Krieg aus war, der für ihn in einer schneeschweren Winternacht begonnen hatte: am 30. Januar 1933, in Wien. Großmutter, Mutter und Kind hören in dem sehr einfachen Detektor-Radio (das mit einem Quarz recht mühsam eingestellt werden mußte) das Gebrüll: die Machtübernahme Hitlers in Berlin. Großmutter, Mutter und Kind wissen: das ist der Beginn des Unterganges. „Hitler wird Österreich überfallen, er wird Deutschland zerstören, er wird einen Weltkrieg machen." Das Kind Friedrich Heer geht in die 7. Klasse im Akademischen Gymnasium, in eine Schule, in die unter anderem Franz Schubert, Hugo von Hofmannsthal, Thomas Masaryk gingen. Das Kind wurde geboren noch im letzten Jahre des Kaisers Franz Joseph, der auch „Herzog von Auschwitz und Zator" war. Friedrich Heer verdankt seine Geistes-Bildung, seine Humanität (sehr widerwillig, aber entschlossen, provozierend setze ich hier diese Worte „Geistes-Bildung" und „Humanität") zwei Professoren am Akademischen Gymnasium: Oppenheim (Griechisch und Latein) und Edelmann (Geschichte), Oppenheim: Tod in Maria Theresienstadt, Edelmann: vergast mit seiner jungen Frau in Auschwitz.

Im Herbst 1934 immatrikulierte ich an der Wiener Universität. Weihnachten 1935 entschloß ich mich, für ein Semester nach Riga, an die private deutsche Herder-Hochschule zu gehen, um legal nach Deutschland einreisen zu können (die Grenzen zwischen Hitler-Deutschland und Österreich waren damals nahezu vollständig gesperrt). Zehn österreichische Studenten fuhren da im Januar 1935 nach Riga: neun Nationalsozialisten und ich. Als Sprecher der Österreicher hielt ich im April meinen ersten öffentlichen Vortrag (jede „deutsche Volksgruppe" hatte einmal sich so zu präsentieren vor Studenten- und Professorenschaft). Mein Thema *„Deutschland und Europa"* Drei Kapitel: 1. Europa kann ohne Deutschland nicht leben (schöner Applaus). 2. Deutschland kann ohne Europa nicht leben (Nicht-Applaus). 3. Hitler bedeutet Krieg, Weltkrieg (totales Schweigen).

Einige Tage nach diesem ersten, stotternd vorgetragenen, verlegenen „Vortrag" teilte mir der Vertreter der Deutschen Studentenschaft mit, ich solle nicht, wie ich allseits gesagt hatte, über Deutschland nach Österreich fahren, sondern, wie ich gekommen war: über Warschau und Lundenburg (Tschechoslowakei). Ich dankte für seine Aufmerksamkeit, fuhr dann nach einem Abstecher über Estland und Finnland nach Deutschland.

Ich wollte, ich mußte das Reich Hitlers persönlich kennenlernen. Was ich nicht sehe, kann ich nicht einsehen, nicht verstehen. Ich wanderte zwei Monate durch Deutschland (zuvor Aufenthalte in Königsberg und Berlin) und kehrte im Frühherbst nach Wien zurück mit der Überzeugung: Hitler wird sehr bald marschieren.

Wir kämpften bis zu unserer ersten Verhaftung (sie sollte für mich nicht die letzte sein), am 11. März 1938, Tag der Machtübernahme in Wien, in Österreich. Sechs – kurze – Haft-Zeiten 1938–1939, dann an Weihnacht 1939 Einberufung zur Wehrmacht. Die Wehrmacht hat mir das Leben gerettet: einige der allerbesten meiner Mitkämpfer wurden hingerichtet: so der Klosterneuburger Chorherr Roman Karl Scholz, Georg Heintschel-Heinigg...

Mai 1980, vor dem Stephansdom in Wien. Eine sehr gut aussehende deutsche Dame schüttelt den Kopf, sie meint, die

Wiener sollten das doch beseitigen: da ist gleich neben dem Riesentor, dem Haupteingang, eingraviert und mit weißer Farbe gezeichnet dies: *05. – 05.* Sonst nichts. Ich sage höflich dieser Dame: das ist das bescheidene Ehrenmal für die Mitglieder einer katholischen Gruppe der Österreichischen Widerstandsbewegung, die ihr Leben gaben.

Warum diese lange Einleitung zum 8. Mai 1945? Ich habe meine gesamte Nachkriegstätigkeit, die ich im Januar 1946 mit Vorträgen im Momme-Nissen-Haus in Husum begann, unter diesem Aspekt erlebt: als Verpflichtung, Beiträge zu leisten zu einer Erhellung der Deutschen, zu Lockerungsübungen in deutschen Landen und zur Kräftigung eines Widerstandswillens in Österreich.

Es freut mich sehr, daß Arbeiten von mir in zwölf Sprachen erschienen. Soeben schrieb ich ein Vorwort für eine japanische Edition meiner „Europäischen Geistesgeschichte" (Stuttgart *1953*). Vor einigen Tagen erhielt ich meine Autorenexemplare der spanischen Edition von „Europa, Mutter der Revolutionen" (Stuttgart *1964*). Es freute mich – vor langen Jahren –, als ich erfuhr, daß über mich Vorlesungen und Seminare an amerikanischen Universitäten gehalten wurden.

Gelebt habe ich für Deutschland und für Österreich. Ich verstehe mich als Österreicher, als Mitglied *der österreichischen Nation*, nicht als „Deutscher". Ich weiß mich meinen schwäbischen Ahnen väterlicherseits, meinen westfälischen Ahnen mütterlicherseits (hier die Verwandtschaft zu der Droste-Hülshoff) verpflichtet. So auch meinen slawischen Ahnen (über meine Großmutter väterlicherseits). Als *Österreicher* verstehe ich meine Mit-Verantwortung für das, was nach Hitler mit den Deutschen und durch die Deutschen geschieht.

Sehr liebe deutsche Freunde haben meinen „Masochismus" gerügt, als ich in den sechziger Jahren eine fünfsemestrige Vorlesung in Wien hielt: „Historische Genesis des österreichischen Katholiken Adolf Hitler". Der erste Teil dieser Vorlesungen, unter dem Titel „Gottes Erste Liebe" erschienen, wurde in Deutschland recht gerühmt, der zweite

Teil: „Der Glaube des Adolf Hitler" (München 1968, 750 Seiten davon 150 Seiten Anmerkungen), wurde so sehr verrissen, daß sich kein anständiger deutscher Historiker mit mir beschmutzt, in Sachen Hitler.

Ich halte fest und bin überzeugt, daß nach meinem physikalischen Lebensende, das ich, meinen Körper befühlend, erspüre, einige Deutsche sehen werden: dieser furchtbare Mann, Adolf Hitler, ist *nur* als *ein Österreicher* verständlich. Ich wollte den Deutschen in jeder Hinsicht entgegenkommen, und sie durch meine Präsentation Hitlers als Österreicher mit entlasten.

Es ist sehr schwer, Deutschen (ich muß vermeiden, *„die* Deutschen" zu denken, zu sagen, zu schreiben) mit Liebe entgegenzukommen. Sie vertragen das „einfach" nicht. Sie werden nervös, gereizt, „was soll das alles?". Sie *verwechseln* als Christen, als Nach-Christen, als Gegen-Christen Spiritualität mit Sentimentalität, Kindhaftigkeit mit Kindisch-Sein, Zartheit mit „Weichheit", Generosität mit Schlappschwänzigkeit, Feindesliebe mit Masochismus, wenn nicht gar mit „Bolschewismus-Hörigkeit", Entgegenkommen bis zum äußersten Einsatz der eigenen Person mit Arschkriecherei.

Gegen den Kalten Krieg sprach ich, meist in Veranstaltungen der Katholischen Hochschuljugend und Hochschulgemeinde, 1946–1948 zum Thema; „Gespräch der Feinde" (als Büchlein 1949 erschienen). Mit meinem großen Freunde Reinhold Schneider (ich war ein Du-Freund von Reinhold Schneider und von Theodor Adorno – wieder eine für Deutsche „ganz unmögliche" Sache) versuchte ich, aus christlichem Gewissen gegen die ungeheuerlichen *Engführungen* im deutschen Katholizismus anzukämpfen. Führende Männer des deutschen Katholizismus waren derselben Ansicht wie mein lieber Wiener Freund Monsignore Otto Mauer [in anderen Bezügen (so Kunst) sehr „fortschrittlich"], der mich immer wieder ermahnte: „Fritz, du darfst das Wort ‚Frieden' jetzt nicht in den Mund nehmen, das ist ein Schlagwort der Bolschewiken."

Ich sprach *1947 bis 1980* immer wieder in Deutschland [in *Ost-Berlin* kleidete ich mein Grund-Thema einmal in einer einwöchigen Veranstaltung der Evangelischen Akademie so ein: „Grundlagen der Weltfriedensidee"] über dieses eine Thema meines Lebens. Ein gewisser Höhepunkt war meine Gedächtnisrede für Reinhold Schneider in der Paulskirche in Frankfurt.

Dies mein Leid-, Liebes-, Lebens-Thema, angesichts der Deutschen, angesichts der Österreicher formuliert: ein offenes Deutschland, selbstkritisch, wach, Ost und West, Nord und Süd offen. Denken ist für mich danken *und* Widerstand leisten. Das gilt analog für politisches, für religiöses Handeln. – Eine offene Kirche. Katholizität nicht als Verrömerung (die nicht zuletzt „Rom" nicht guttut), sondern als Verbindung der Jahrtausende (und mehr), breit, von Menschen also, die mental in sehr verschiedenen Epochen eingehaust leben. Eine offene Frömmigkeit: wobei es mir besonders auf eine *Frömmigkeit der Vernunft* ankommt.

Man muß kein besonders intimer Kenner der binnendeutschen Szenerie sein, um zu sehen, wie sehr die Themen meines Lebens, meiner Bücher, meiner Reden, meiner Essays, meiner Zeitungsartikel, meiner Tag- und Nachtgespräche (die alle in Tag- und Nacht-Gesprächen mit mir selbst wurzeln) durch meine Konfrontation mit Deutschen bestimmt sind. Die ungeheure, mörderische, so lebensgefährliche unheilige Allianz von Spießbürgern, die heute in Moskau, Rom, Washington und andernorts regieren, bekundet sich – wie sollte es auch anders sein? – in deutschen Räumen eindrucksvoll, mich immer wieder überwältigend.

Um nicht zu klagen, um nicht anzuklagen, versuchte ich, elliptisch zu leben: als Historiker, leidenschaftlich dem Mittelalter verbunden (das mir sowenig gehört wie „meine" Deutschen), als Mitglied des Instituts für Geschichtsforschung in Wien (seit 1936), das gleichzeitig die Wiener Direktion der Monumenta Germaniae beherbergt, kämpfte ich gegen den Blödsinn einer „Null-Situation" an. *Es gibt, es gab für kein Volk je eine Stunde Null* (diese gäbe es im Falle eines geglückten Fortschritts von der „Endlösung der Judenfrage" zu einer partiell gelingenden Endlösung der Menschenfrage, so, wenn Deutsche sich durch ihre Gegner und Freunde in einen Dritten Weltkrieg hineinziehen ließen). Dies ist zu sehen: in *allen* Menschen *arbeiten* Vergangenheiten. Die deutsche Frage: „Aber, lieber Heer (,sehr geehrter Herr Professor Heer'), kann denn der Mensch aus der Geschichte lernen?" wird von mir immer noch so beantwortet: das interessiert mich nicht. Mich geht dies an: Menschen im Heute und Morgen aufzuzeigen, wie sehr in ihnen ihre Vergangenheiten arbeiten, auch wenn sie diese nicht kennen, nicht mit dem Oberbewußtsein kennen.

In diesem Rahmen fiel mir früh – seit Riga, Herder-Institut 1935 – auf, was Herder und später Sigmund Freud so ansprachen: die Deutschen (ich erweiterte: die Europäer) sind „schlecht getauft". Es ging ihnen nicht bis an die Gene (wie der betrübte Pastorensohn Gottfried Benn immer wieder vermerkte). Das ganze Christentum, dazu westliche Humanität, Liberalität, Urbanität wirken oft nur wie angeklebt, wie eine Tünche.

Unauslöschlich in mir diese Erfahrungen von 1933 bis in die Jahre des Zweiten Weltkrieges: wie da sehr wohlmeinende Menschen, Theologen, Professoren und andere Bürger von Besitz und Bildung die Farbe wechselten, so daß in ihnen ein barbarischer Untergrund zum Sprechen kam.

Ein barbarischer Untergrund: *Neandertaler sind wir alle!* Nicht nur Neandertaler, aber auch dies. Albert Einstein, Sigmund Freud und der erste Kennedy (um nur drei verschiedenartige Menschen zu berufen) haben diesen unseren leibseelischen Untergrund, der in uns allen arbeitet, angesprochen. Dieser Untergrund *ist* zu erhellen. Das kann geschehen mit allen Mitteln einer offenen, frommen Vernunft, eines offenen gottfrommen, wirklichkeitsfrommen, menschenfrommen Glaubens, mit Hilfe politischer Arbeit.

Nun zum anderen Pole meiner elliptischen Existenz: zu meiner politischen Arbeit, zu meiner zeitkritischen und tagespolitischen Publizitik. Ich habe meinen langen einsamen

Kampf als Redakteur der Wiener katholischen Wochenschrift „Die Furche" zur Vorbereitung des Staatsvertrages vom Jahre 1955 (ich wußte nie, ob ich *nach vielen Hunderten von Verhandlungen* der vier Mächte diesen Tag noch erleben würde), also in den Jahren auf 1955 zu, immer auch als einen Kampf für Deutschland verstanden, wobei ich recht gut wußte, daß „die Sache mit den Deutschen" (mein Freund Zahrnt visiert sie als „Die Sache mit Gott" an) besonders schwierig war und nicht mit dem österreichischen Topf abgekocht werden konnte. Ich war aber überzeugt, daß eine Lockerung um Österreich auf Dauer auch einigen Gewinn für eine Lockerung, für eine Entkrampfung um Deutschland, in Deutschland einbringen könne.

Die beiden deutschen Staaten, also die Bundesrepublik und die Deutsche Demokratische Republik, habe ich früh, zum Leidwesen einiger deutscher Freunde, als siamesische Zwillinge gesehen: die vorne schwer miteinander sprechen können, weil sie hinten miteinander verwachsen sind. Ich bin ein großer Verehrer des alten Preußen, konkret besonders der konservativen Opposition gegen Friedrich II, gegen Bismarck (vertreten durch die Brüder Gerlach und ihre Gesinnungsfreunde), gegen Hitler. Preußen, im Ehrenjahr *1981:* Preußen *lebt, lebt* in der Deutschen Demokratischen Republik (ich versage mir hämische Bemerkungen. Bundesdeutsche sollten unter anderem nicht „vergessen", daß die DDR die „Kriegsschulden", die Reparationen für ganz Deutschland an die Sowjetunion gezahlt hat). Preußen lebt in vielen Menschen in der Bundesrepublik.

Ehre den Preußen, Ehre den Bayern und allen Deutschen in allen deutschen Landen. Ich habe versucht, ihnen die Ehre zu erweisen, die ihnen zukommt, ohne also demütig (Demut ist „dienmuot", d.h. Dienst-Mut) sie auf ihre Chancen, ihre Versuchungen, ihre Selbstgefährdungen aufmerksam zu machen. Mein schmales Büchlein „Warum gibt es kein Geistesleben in Deutschland?" (München 1978) ist ein Buch der Liebe. Als Mitglied, als *a. o.*, als außerordentliches, ausländisches Mitglied des deutschen Geisteslebens setze ich mich da mit deutschen Schwierigkeiten auseinander, wie: „Zuwenig Gegnerschaften, zu viele Feindschaften". „Nochmals: Der Geist ist links, der Geist ist rechts". „Reichtum ist: spiritueller Reichtum". „Spiritualität: mit den fetten armen Leuten leben".

„Scheitern in Wien": dies der Titel eines meiner Romane. „Scheitern in Deutschland": so könnte ich die Ergebnisse meiner Arbeiten von 1946 bis 1980 zusammenfassen. Ja, Scheitern. Mitten in diesem so vielfältigen Scheitern ist mir sehr viel Schönes zugekommen. Deutsche Freunde, Menschen aus sieben oder acht Generationen. Deutsche Gegner. Deutsche Feinde.

Ihnen allen habe ich zu danken.

Wenn ich nun sterbe, ist die Sache der Deutschen, ist die Sache mit den Deutschen ganz offen. Gott sei Dank. Den Menschen sei Dank, die politisch und spirituell gegen eine Endlösung der deutschen Frage durch Selbstmord arbeiten. In dieser großen, *furcht*baren, gefährlichen und *frucht*baren Offenheit erlebe ich die Deutschen auch als einen Gottesbeweis (anders und doch verwandt den Juden; Goethe hat den eigentümlichen Bezug Deutsche und Juden eindrucksvoll angesprochen).

„Weitermachen" also. Mit einem deutschen Wort verabschiede ich mich von meinen deutschen Lesern.

WALTER UND IRMA HILDEBRANDT

Gnade des Nullpunkts?

Ein Gespräch

W. H.: Ich möchte das Gespräch mit Dir über das Ende des Krieges mit einer ausführlicheren Schilderung meiner äußeren und inneren Lage in jenen Tagen beginnen. Nur die genaue Rekonstruktion, so meine ich, verhilft einem, aus Erinnerung Erfahrung werden zu lassen.

Meine Division war in den letzten Apriltagen kurz vor Kriegsende noch unversehens nach Mähren geworfen worden, angeblich um den unaufhaltsamen Vormarsch der Russen an diesem Frontabschnitt irgendwie zum Stillstand zu bringen. Wahrscheinlich glaubte man weiter oben, diese Geste der Weltgeschichte schuldig zu sein. Doch bald befanden wir uns wieder auf dem schon routinemäßig ablaufenden Rückzug. Wer annimmt, solche nach rückwärts zielenden Aktionen müßten automatisch eine demoralisierende Wirkung haben, irrt. Das war eine der Einsichten, die ich in jenen Monaten gewann. Schließlich hatten wir schon einen „langen Marsch" vom Kaukasus bis vor Dresden hinter uns, und wir waren immer noch zusammen und intakt. Die Erfahrung zeigte, daß Einheiten, solange sie zusammenhielten, am ehesten dem Chaos, und damit dem schnellen Untergang auch der einzelnen, entgehen konnten. Da machte sich ein Gesetz des Gruppeninteresses bemerkbar, das nichts mit Heroismus oder auch Treue zu tun hatte. Selbst die Gegenangriffe, die den Rückzügen eingestreut waren, dienten zumeist doch nur, wie man bald bemerken konnte, dem Überleben oder kurz gesagt dem Retten der eigenen Haut. Das schließt natürlich Opfergänge einzelner oder ganzer Truppenteile nicht aus. Auch gab es perverse Einfälle.

Wenn ich sagte, daß wir noch militärisch intakt waren, so ist da freilich eine Einschränkung zu machen. Weil sie symptomatische Bedeutung hat, muß ich sie kurz erwähnen. Wir hatten viele Südtiroler in unseren Reihen, Freiwillige, die sich zum Teil eindrucksvoll ausgezeichnet hatten. Doch das Unvorsehbare trat ein. Gerade einige der Tapfersten verließen die Truppe. Wir konnten sie gerade noch vor den Feldjägern abfangen und damit vor dem Standgericht bewahren. Unsere Recherchen ergaben, daß für sie einfach der große Krieg zu Ende gegangen war, nachdem Amerikaner und Italiener ihre Heimat besetzt hatten. Jetzt wollten sie zu ihren Frauen und Familien, um denen zur Seite zu stehen. Ihre Höfe wollten sie vor Übergriffen schützen, ihre Dörfer verteidigen. Das war das Kennzeichen dieser Tage: Urtümliche Strukturen der kleinen Form, gebunden an das Personale, schlugen durch, während der gigantische Atavismus des sich selbst zerstörenden Krieges in seine Schlußphase eintrat. Die Abstraktion des Großen, immer mit irgendwelchen verpflichtenden Ideologien verbunden, verflüchtigte sich (was sich schon lange angebahnt hatte), und an ihre Stelle trat das Überschaubare, das an Situationen gebundene und sich in ihnen bewährende Konkrete.

Ja, das war es. Ein ganz ungeheurer Konkretismus ergriff uns alle. Das ließ sich an jenen Beobachtungen ablesen, die ich schon nannte. Aber das gilt auch für den 8. Mai 1945. Wir hatten inzwischen im Krebsgang halbwegs die Strecke Olmütz–Prag hinter uns. Da erreichte uns just am 8. Mai der Befehl Generalfeldmarschall Schörners, Stellungen in den benachbarten Hügeln zu beziehen und uns auf Gefechte von längerer Dauer einzurichten. Ich war damals Regimentsadjutant und verfolgte in unserem Geländewagen regelmäßig die Sendungen des Auslandes. So auch an dem Tage. Auf diese Weise erfuhren wir – ich hatte im britischen Rundfunk eine Rede Churchills und entsprechende Nachrichten abgehört – von der bedingungslosen Kapitulation der deutschen Wehrmacht. Schörner sah das anders. Er wollte zunächst weiterkämpfen. Meine Meldung brachte die Divisionsspitze in höchste Verwirrung. Doch der Divisionskommandeur zerschnitt den gordischen Knoten. In einem Tagesbefehl sagte er sich von der Heeresgruppe los, um – wie er unterstrich – seine Truppe möglichst weit noch an die Front der Amerikaner heranführen zu können. Die Regimentskommandeure übernahmen den Befehl. Und so ging es weiter bis zu den letzten Einheiten. Ein Akt, der vielen Soldaten das Leben rettete oder lange Jahre der Gefangenschaft in russischen Lagern ersparte.

Das Präzise des Konfliktes und des in ihm angelegten Zwanges zur Entscheidung hat mich nie ganz losgelassen. Ich selber war zwar in diesem Zusammenhang mehr oder weniger nur Statist gewesen. Aber ich war Zeuge einer Entschlossenheit, die alles konventionell nach einem Kodex Geregelte hinter sich ließ, den Begriff der Pflichterfüllung seiner abstrakten Geltung entkleidete, Ungehorsam und Befehlsverweigerung und damit den Galgen auf sich nahm und der Praxis eines verantwortungsvollen Handelns zum Siege verhalf. In einer Stunde, da alle Ehre dahin schien, wurde sie in solchen Entscheidungen wieder hergestellt. Und ich war ein wenig stolz, daß ich im Falle der beschriebenen Desertionen mitgeholfen hatte, ganz im gleichen Geiste zu handeln. Heute fällt mir dazu Max Webers Theorie von der Verantwortungsethik ein. Damals war das ganz anders. In jenen Tagen gingen wir ganz und gar in Praxis auf. Wir kannten weder Muße noch Meditationen, noch hatten wir Theorien zur Hand, die wir weitläufig diskutierten.

Und doch zögere ich, unser Verhalten in dieser Zeit einfach als pragmatisch zu charakterisieren. Die furchtbare Konkretheit der Situationen schloß eine existentielle und philosophische Herausforderung ein, der wir uns nicht entzogen; wenigstens machten wir den Versuch, auf sie zu antworten. Ich habe das Ende des Krieges weder als heroischen Untergang noch als ein einfaches Auseinanderlaufen oder menschliches Erschlaffen erlebt. Daß in diesen Tagen noch ganz bewußt nach Prinzipien gehandelt wurde, die die Selbstaufgabe der Menschen aufzuhalten zum Zwecke hatten, hat mich zutiefst berührt. Prinzipien einer handlichen, der Lage entsprechenden Ordnung und einer Gesinnung, die den Menschen nicht aus dem Auge ließ. Ich glaube, der Optimismus, der mich in den letzten fünfunddreißig Jahren trotz vieler widriger Umstände im Großen wie im Kleinen begleitet hat, ist zum guten Teil diesen Erfahrungen in der Stunde, da Deutschland seine Identität verlor, zu verdanken.

I. H.: Ich wundere mich, daß Du in Deinem Bericht nicht einen Gedanken aufgeworfen hast, der mich immer wieder beschäftigt, auch wenn ich als Schweizerin vielleicht nicht die Kompetenz habe, über dieses Thema zu sprechen. Es ist die Beobachtung, daß die Deutschen, die so viel Extremes erlitten und durchlebt haben – den Krieg mit seinem apokalyptischen Schluß, die Bombennächte und die Zerstörung der Heimat, die schuldhaften Verstrickungen unvorstellbaren Ausmaßes – nicht die Chance des Nullpunktes wahrgenommen haben (falls es so etwas überhaupt gibt). Worum es mir geht, will ich noch ein wenig näher erläutern.

Als der Krieg zu Ende ging, war ich zehn Jahre alt, also noch ein Kind. Ich habe aber trotzdem – oder gerade weil man als Kind atmosphärische Eindrücke besonders intensiv wahrnimmt – eine genaue Erinnerung an jene Tage: Die zur Nachrichtenzeit vor dem Radio versammelte Familie. Die „Internierten", französische, deutsche, polnische Soldaten, die in Baracken auf unserem Schulhof untergebracht waren und die das Kriegsende herbeisehnten – und doch fürchteten. Die Verdunkelungen, die an jenem 8. Mai überall von den Fenstern gerissen wurden. Das Aufatmen beim Verbrennen der letzten Lebensmittelkarten. Die Luftschutzkeller, in die man nun wieder das Eingemachte stellte. Gasmaske und Stahlhelm, mit denen wir jetzt spielen durften. Und wir spielten Krieg. Krieg, den wir nur vom Hörensagen kannten. Wir spielten „Bombardierung von Schaffhausen", das einzige Ereignis, wo die Schweiz die Grausamkeit des Krieges unmittelbar zu spüren bekam. Sonst war für uns „Krieg" etwas Unwirkliches und Verschwommenes. Gerüchte, die die

Phantasie anregten: Das Getuschel in der Straßenbahn, wenn man in der Baselstraße am Gefängnis vorbeifuhr. „Da sitzen die Landesverräter drin, die werden im Gütschwald erschossen." Gänsehaut. Oder schlimmer noch: Der süßliche Geruch, der an schwülen Sommertagen vom Güterbahnhof herüberwehte. Von den plombierten deutschen Waggons, die die Schweizer nicht aufmachen durften. Das Gemunkel, darin seien KZ-Leichen aus Deutschland, die würden in Italien zu Seife verarbeitet. Ich wußte nicht, was KZ war. Aber die Vorstellung von aufgeschichteten Leichen ließ mich nächtelang aus Angstträumen aufschrecken.

Das also war Krieg. Für mich etwas so Absurdes, so außerhalb jeder Denkmöglichkeit Liegendes, daß ich lange Zeit Leute, „die den Krieg mitgemacht haben", mit einer Mischung aus Scheu, Neugier und Bewunderung betrachtete. Das fing an bei den in die Schweiz verschickten Kindern aus ausgebombten Großstädten. Ich beobachtete ihre Spiele, lauschte ihren Gesprächen. Ich malte mir aus, wie ihre Wohnungen, Spielsachen zerstört wurden, Eltern, Geschwister im Bombenhagel umkamen – das mußte doch Spuren an ihnen hinterlassen haben ... Aber ich konnte nichts Außergewöhnliches feststellen. Sie waren genauso laut, frech, albern wie Schweizer Kinder. Das irritierte mich.

Nach der Währungsreform kamen die ersten deutschen Touristen mit Kameras, Strohhüten und blitzblanken Autos. Ihr selbstbewußt forsches Auftreten irritierte mich noch mehr. Es konnte doch einfach nicht sein, daß dies ganze Ausmaß an Kriegsleid so spurlos an diesen Menschen vorübergegangen war ... Sie müßten doch traurig sein über den Verlust von Angehörigen, von Hab und Gut. Oder beschämt über das, was in den Konzentrationslagern geschah. Oder verbittert über ihr Schicksal, dem sie ja ohnmächtig ausgeliefert waren. Oder zumindest nachdenklich, in sich gekehrt ob dieser durchgestandenen Leiderfahrung. Nichts von alledem nahm ich wahr. Auch nicht, als ich Anfang der Fünfziger Jahre zum ersten Mal nach Deutschland fuhr. Ich stieg in Köln aus dem Zug und ging beklommen durch die arg zerstörte Stadt.

Nicht auszudenken, wenn meine Heimatstadt Luzern so in Trümmern läge. Und wieder wunderte ich mich über die absolute Normalität, mit der das Leben sich hier abspielte, wie in Zürich an der Bahnhofstraße. Die Gebäude zwar noch beschädigt, aber die Menschen alle ganz intakt. Ganz auf den Augenblick oder auf die Zukunft gerichtet. Die Vergangenheit wurde in fast beiläufigen Nebensätzen abgetan: als mein Bruder fiel... wenn mein Mann aus Rußland zurückkommt... nachdem wir ausgebombt waren... „Ausgebombt" – ein neues, aufregendes Wort für mich, aber die Leute sagten es ganz nüchtern, wie „gefallen", „vermißt", „im KZ umgekommen". Diese ungeheuerlichen Tatsachen hatten ihr Bewußtsein, ihren Lebensstil nicht verändert.

Kein Läuterungsprozeß, kein Aufarbeiten, keine Katharsis. Oder doch? Konnte ich diese diffizilen Vorgänge vielleicht von außen nur nicht wahrnehmen? Diese Frage hat mich auch später oft beschäftigt: Wie weit ist der Mensch überhaupt in der Lage, erfahrenes Leid dann, wenn es im Übermaß über ihn hereinbricht, zu verarbeiten oder gar zu sublimieren? Warum hat die Stunde Null, der Augenblick des Aufatmens, der Rückbesinnung und der Zukunftserwartung nicht einen solchen Prozeß sichtbar in Gang bringen können?

W. H.: Du stellst Fragen, auf die auch ich keine Antwort weiß. Vielleicht darf man an historische Augenblicke ganz allgemein keine übermenschlichen Erwartungen knüpfen. Vielleicht findet Katharsis immer nur in einzelnen, nie im Bewußtsein eines ganzen Volkes statt. Man braucht nur an die Revolutionen zu denken. Vom Gedanken, daß aus großen Zusammenbrüchen oder Umwälzungen neue Menschen hervorgehen könnten, müssen wir nach meinen Erfahrungen Abschied nehmen. In einer Zeit der Verweltlichung aller Bezüge kann das wohl auch gar nicht anders sein. Und die Fragwürdigkeit von Größe im historischen Rahmen hatten wir gerade mit schrecklicher Klarheit erlebt. Das machte uns nüchtern. Ich kenne jedenfalls keinen, der im Inferno stand, der von einer Gnade des Nullpunktes sprach. Das Kriegsende beflügelte uns nicht. Mehr noch als früher klammerten wir, wie man heute sagen würde, das Thema der Zukunft und eines möglichen Neubeginnes aus unseren Gesprächen aus. Auf der Flucht von der Front in die Heimat und zu den Familien waren wir ganz und gar mit unserem Überleben beschäftigt. Vor allem aber hatten wir die Fehlbarkeit des Menschen erlebt, seine Fähigkeit, zu verführen und verführt zu werden. Auf diese Weise waren wir unfähig geworden, emphatische, überschwengliche Lebensentwürfe zu machen. Wir wußten, daß die problematischen Seiten des Menschen nicht ein Produkt Hitlers waren, sondern daß der Diktator sie nur zu mobilisieren verstanden hatte und wir weiter mit ihnen rechnen mußten.

Ich muß gestehen, daß es in der Nachkriegszeit Deutsche von der Art gab, wie Du sie als Touristen in der Schweiz beschrieben hast. Und es gibt sie immer noch. Ich kann mir das nur so erklären, daß wir hier einen überdimensionalen Verdrängungsakt vor uns haben, den ganze Menschengruppen als Stütze brauchen. Das korrespondiert mit der Verführbarkeit der Menschen. Aber ich glaube, es gibt auch genug Nachdenkliche, denen vor dem Hintergrund der historischen Erfahrung jede Form von Großspurigkeit zuwider wurde. Das schließt ein tiefes Mißtrauen gegen Ideologien, Visionen und große Programme ein. Ich habe das Kriegsende zusammen mit Menschen erlebt, die aus solchem Holze geschnitzt waren. Auch meine Beschäftigung mit Adalbert Stifter unmittelbar nach dem Zusammenbruch ist symptomatisch. Später beeindruckte mich die Ideologieferne von Männern wie Theodor Heuss, Carlo Schmid oder Konrad Adenauer.

I. H.: Ich frage mich, ob diese Distanz allen Visionen gegenüber ausreicht. Das ist doch das Problem unserer Tage. Die Menschen verlangen nach Orientierung.

W. H.: Du hast recht. Wir haben versäumt, die Lehren, die wir aus dem Inferno zogen, zu einer die Menschen ergreifenden Botschaft zu entwickeln. Aber vielleicht liegt das auch in der Natur des Gegenstandes.

RICHARD JAEGER

Das Kriegsende

Unter blauem Himmel im offenen Viereck angetreten, vernahmen wir auf einem Kasernenhof des böhmischen Städtchens Příbram die Rede des Kommandeurs, eines Majors, der, was damals bei einem Stabsoffizier erstaunlich war, keinen Orden auf der Brust trug. Angesichts der auch von ihm nicht geleugneten Tatsache, daß der größte Teil Deutschlands bereits „vom Feinde besetzt" war, verstieg er sich zu dem Satz: „Wir sehen unsere Heimat nur als Befreier oder niemals wieder." Das dreifache Sieg-Heil schmetterte über den Platz. Es war der 20. April 1945, Führers Geburtstag.

Das absurde Theater wiederholte und steigerte sich in den nächsten 14 Tagen. Zuerst wurde mir vom Adjutanten eröffnet, der nächste Lehrgang, zu dem man mich kommandieren wolle, beginne am 15. Mai. Für mich, der ich gerade erst in Příbram eingetroffen war, war es schwer festzustellen, wer solche Ankündigungen noch ernst nahm und wer nur so tat, als ob ... Schließlich sagte ich ja auch, wie es sich gehörte, „jawohl" und dachte mir meinen Teil.

Inzwischen hatte ich erfahren, daß auf dem Berg über der Stadt eine berühmte Wallfahrtskirche stand. Ich stieg also eines Abends nach Dienstschluß den Berg hinauf und betrat das Marienheiligtum mitten in einer Andacht. Ich war der einzige Soldat, trug aber nicht als einziger Uniform. Ein „Blitzmädchen", wie man die Fernmeldehelferinnen nannte, hatte auch den Weg dorthin gefunden. Natürlich gingen wir nach Verlassen der Kirche aufeinander zu und begrüßten uns. Gerade weil der Besuch von Gottesdiensten in den besetzten Gebieten verboten war, wußte man über die Gesinnung dessen, der trotzdem an ihnen teilnahm, sofort Bescheid. So waren wir, als wir den Berg hinuntergingen, bald in ein lebhaftes Gespräch vertieft, in dem ich, der Neuling, viele Interna des Standortes erfuhr, die mir damals wichtig erschienen, aber inzwischen längst vergessen sind. Insgesamt zeigten sie Symptome einer moralischen Auflösung, wie sie sich in der Etappe, zu der das Reichsprotektorat Böhmen und Mähren lange gehört hatte, häufig ereignen. Während wir noch einen Lehrgang in Böhmen beginnen sollten, wurden die Mädchen wegen des Nahens der Roten Armee am nächsten Tag in Richtung Heimat in Marsch gesetzt. So konnte ich ihr noch einen Brief an meine Frau mitgeben; er kam auch ans Ziel, viele Wochen später, als ich schon zu Hause war.

Aber „noch wußte es niemand", um mit Josef Pieper zu sprechen. Ich wurde wenige Tage später nach Rokitzan versetzt, wo sich das Nachkommando einer Artillerieschule befand. Der Uhrzeiger der Weltgeschichte rückte derweilen unaufhaltsam vorwärts. Am 30. April, nachts um 10.30 Uhr, hörte ich mit Kameraden auf der Stube von einem deutschen Sender die sensationelle Meldung: „Adolf Hitler ist heute gefallen." Tiefes Schweigen trat ein. Die Gefühle aller waren aufgewühlt, nur, wie ich annahm, in verschiedener Weise. Da ich auch hier neu war, hielt ich mich naturgemäß mit meinen Äußerungen zurück. Anderen mag es ähnlich ergangen sein. Aber die meisten Kameraden waren an Jahren jünger als ich mit meinen inzwischen 32 Jahren, im „Dritten Reich" und im Krieg aufgewachsen; wenn auch sicher nicht viele für die Partei durchs Feuer gegangen waren, so hatten doch wohl die meisten an den „Führer" geglaubt.

Beim morgendlichen Antreten am 1. Mai erschien der ältere der beiden Leutnants, ein engagierter Nationalsozialist aus Sachsen. Er hielt eine Ansprache, die in einem Hymnus auf den „Gefallenen" und seine Bewegung endete. Der Schlußsatz ist mir nach 35 Jahren noch so frisch in Erinnerung wie am Tag danach: „Und so wie Jesus Christus sterben mußte und seine Idee, das Christentum, nach seinem Tod die Welt erobert hat, so wird auch die Idee Adolf Hitlers, der

Nationalsozialismus, nach seinem Tod die Welt erobern. Adolf Hitler und seine unsterbliche Idee, Sieg...". Das dreifache Heil hätte in dem engen Gang eigentlich dröhnen müssen, es klang aber doch recht schwach.

Vor dem Wegtreten hatte Leutnant X noch befohlen: „Im Hinblick auf Tod des Führers fällt heute der Dienst aus." Wie immer man dachte, das war eine gute Nachricht. Da Leutnant X nicht nur Zugführer war, sondern auch Stellvertreter des Chefs, galt sein Befehl auch für uns, die wir einem anderen Zug angehörten. Auf unserem Dienstplan war Waffenreinigen gestanden, eine Tätigkeit, die erfahrenen Dienstgraden – es lagen nur Unteroffiziere auf der Stube – allzu gut bekannt war. So konnten wir statt dessen unseren Gedanken nachgehen, lesen, spielen oder uns unterhalten.

Im Laufe des Vormittags erschien nun unser Zugführer, ebenfalls ein Leutnant, der seine 19 Jahre durch gesteigertes Selbstbewußtsein und Geltungsbedürfnis auszugleichen verstand. Ich meldete als Stubenältester.

„Warum werden die Gewehre nicht gereinigt?"

„Herr Leutnant, Herr Leutnant X hat befohlen, daß der Dienst im Hinblick auf den Tod des Führers ausfällt."

Das paßte ihm nun gar nicht, in diesem Zug habe er zu befehlen.

Ich fürchtete schon, die Rivalität der beiden Leutnants würde auf meinem Rücken ausgetragen, aber inzwischen wurde ihm wohl klar, daß er sich auf dem soeben eingeschlagenen Weg in eine Sackgasse verrennen könne. So trat er den Rückzug an und tarnte ihn mit markigen Worten. Er wandte sich an mich in energischem Ton: „Merken Sie sich eines, Jaeger, der Tod des Führers verpflichtet uns erst recht!" Die Stube stand still, und der Herr Leutnant schritt hinaus.

Vier Tage später wollte uns Leutnant X zeigen, was eine Harke ist. Beim Appell auf dem Kasernengang kam er plötzlich auf die Idee, nach den Bestandteilen des Gewehrs zu fragen. Das macht man so bei Rekruten; Unteroffiziere empfinden es im allgemeinen nicht als angemessen, schon gar nicht in dieser Lage. So meldete sich niemand zu einer Antwort, auch nicht nach wiederholtem Versuch. Das erboste den Leutnant. So befahl er, unten im Hof anzutreten. Wir stürzten die Treppe hinunter, stellten uns in Reih und Glied auf und richteten uns aus. Ich war gespannt, wie es weitergehen würde. Sollten wir mit „Hinlegen, auf, marsch, marsch" geschliffen werden oder was sonst? Doch nun bemerkte endlich auch Leutnant X das Ablaufen der Uhr der Geschichte. Am Kasernentor entstand eine Bewegung. Leutnant X ließ rühren und schaute selbst nach dem Rechten. Als er zurückkam, ließ er uns auf die Stube gehen und weitere Befehle abwarten. Das Schleifen war unwiderruflich vorbei.

Der Vorgang am Kasernentor klärte sich so auf: Eine Gruppe von Zivilisten wünschte den kommandierenden Offizier zu sprechen. Als der Hauptmann erschien, löste sich aus der Gruppe ein älterer, am ganzen Leibe zitternder Herr und erklärte, er sei tschechoslowakischer Major und verlange die Übergabe der Kaserne. Der Hauptmann erwiderte, er verhandele mit ihm erst dann, wenn er in Uniform vor ihm stehe – sachlich und taktisch die bestmögliche Antwort. Die Zivilisten entfernten sich, offenbar erleichtert, daß man an ihnen kein Exempel statuiert hatte.

Nun wurden wir in Bereitschaft versetzt, die Kaserne scharf bewacht und der Abmarsch vorbereitet. Sprachkundige sudetendeutsche Kameraden hatten den tschechischen Rundfunk abzuhören; er berichtete vom Vormarsch der Roten Armee und der Revolution in Prag. Bei Nacht mußte auch ich, obwohl Wachtmeister und Fahnenjunker, auf Posten ziehen. Zuletzt hatte ich diesen Dienst 1940 beim Vormarsch in Frankreich geleistet.

Am frühen Morgen wurde zum Abmarsch angetreten. Es war Sonntag, der 6. Mai, ein kühler, schöner, sonniger Frühlingstag. Wir hatten in den Tagen vorher die umfangreichen Kasernengebäude durchstreift und die vielen dort verbliebenen Ausrüstungsgegenstände besichtigt, um mitzunehmen, was uns dienlich erschien. So legte ich mir einen neuen, besonders praktischen und leichten Tornister und ein braunes

Regencape zu, das wohl für eine Fahrradtruppe bestimmt war. Übrigens lagen in dem Magazin in wildem Durcheinander Hunderte von Exemplaren von Hitlers „Mein Kampf"; nie sah ich, daß sich eine Hand danach ausstreckte. Kurioserweise lagen dazwischen einige unberührte Stücke von Schotts Missale, dem lateinisch-deutschen Meßbuch der katholischen Kirche, vielleicht aus dem Bestand eines Divisionspfarrers. Da religiöse Bücher in der Heimat Mangelware waren, habe ich ein Exemplar mitgenommen; seinen Erinnerungswert hat es auch durch die Liturgiereform des Zweiten Vatikanischen Konzils nicht verloren.

Mit viel Waffen, Gerät und Gepäck begaben wir uns auf den Marsch. Zu dritt oder viert hatten wir je einen kleinen Wagen mit unseren sieben Sachen beladen; so gut bewaffnet und mit vielen, keineswegs nur lebenswichtigen Gütern bestückt, ist wohl selten eine kleine, von Haus aus gar nicht zum Gefecht bestimmte Truppe ausgerückt. Der Befehl hieß, Rückzug zum Hauptteil der Artillerieschule, die irgendwo im Bayerischen Wald liegen sollte. Einen solchen Befehl konnte der Hauptmann, ein vernünftiger Mann, der offenbar retten wollte, was zu retten war, vor seinen jungen Leutnants rechtfertigen. Da in Wirklichkeit niemand wußte, wo unsere Waffenschule eigentlich lag, war unser Marsch eine Absetzbewegung von den Russen und eine Annäherung an die amerikanische Armee, die nur zur Gefangenschaft führen konnte und vermutlich auch sollte.

Zu früher Morgenstunde kamen wir unbehelligt aus der Stadt hinaus und waren damit der unmittelbaren Gefahr entronnen. Wir marschierten zügig. Durchzogen wir ein tschechisches Dorf, so stellte sich ein Trupp mit Panzerfäusten und Maschinengewehren sichtbar am Ortseingang auf, während ein anderer Trupp mit den gleichen demonstrativ getragenen Waffen an der Spitze des Gros durch die Gemeinde zog, sich am Ende umwandte und nun den Durchzug der Nachhut sicherte. Es fiel kein Schuß, und keinem wurde ein Haar gekrümmt. Die einheimische Bevölkerung stand auf den Straßen der Dörfer – es war ja ein Sonntag – und schaute uns neugierig, finster oder spöttisch zu. In einem Dorf erreichte uns, ich weiß nicht wie, die Nachricht, in einer Schule seien deutsche Polizeibeamte interniert; ein Trupp befreite sie ohne Kampf. In einem anderen Dorf schlossen sich uns versprengte Soldaten an. So wurde unser „Haufen", der nach meiner Erinnerung ursprünglich etwa 40 bis 50 Mann umfaßte, immer größer, zum Schluß hatten wir uns fast verdoppelt; Waffen hätten wir noch für weitere Weggefährten gehabt.

Als wir mittags durch ein großes Dorf zogen, standen dort wie auch anderswo die Bilder von Churchill, Roosevelt und Stalin in den Fenstern, und tschechoslowakische Fahnen wehten von den Häusern. Mir fiel auf, daß die Gaffer an den Straßen besonders spöttische Gesichter machten. Bald nachdem wir das Dorf hinter uns gelassen hatten und auf guter Landstraße weiterzogen, kam der Befehl zum Halten. Vor uns auf der Straße sollten uns – noch nicht in Sichtweite – amerikanische Panzer entgegenrollen. Das beste wäre meines Erachtens gewesen, weiterzumarschieren und sich dem ersten amerikanischen Offizier zu ergeben. Das aber traute sich der Hauptmann wohl noch nicht. So kehrten wir um und schlugen uns seitwärts in die Büsche. Mitten im Wald wurde uns eröffnet, daß wir nun den Marsch ohne Weg und Steg in Richtung Westen fortsetzen würden. Die Handkarren, alles überflüssige Gepäck und sogar einen Teil der Waffen müßten wir an Ort und Stelle lassen oder vernichten. Jeder dürfe nur mitnehmen, was er selbst tragen könne.

Während wir uns an den Vollzug des Befehls machten und vor der immer schwierigen und manchmal schmerzlichen Aufgabe standen, zwischen Notwendigem und Überflüssigem zu entscheiden, tauchten plötzlich, wohl von der Dorfbevölkerung auf unsere Spur gesetzt, ein amerikanischer Unteroffizier und vier Mann auf. Wir waren bis an die Zähne bewaffnet, eine vielfache Übermacht, wenigstens an dieser Stelle; aber niemand dachte noch an Gegenwehr. Ohne Widerspruch übergab der Hauptmann unsere Truppe. Es war nachmittags um halb vier Uhr, als der Krieg für mich ein Ende fand.

Nun ging es wieder hinaus auf die Straße. Von wenigen US-Soldaten eskortiert, marschierten wir weiter. Die Offiziere waren während unseres Marsches an Pferde gekommen, Leutnant X sah in seinem im Wind flatternden Cape besonders martialisch aus. Was mochte er, der sich immer noch so flott gab, jetzt denken? Das Fußvolk jedenfalls, meine Kameraden, waren zutiefst deprimiert. Für den Großteil bestand eine Identität zwischen Hitler und Deutschland. Sie hatten keinen Nutzen vom Nationalsozialismus gehabt, aber einem angeblichen Ideal ihr Leben geweiht. Keiner sagte ein Wort.

Meine Gefühle waren allerdings entgegengesetzter Natur. Der Krieg war zu Ende! Ich hatte ihn überlebt, war nicht verwundet, meine Arbeitskraft war ungebrochen. So hatte ich Grund zur Dankbarkeit. Der Krieg hatte zu dem Ende geführt, das ich, wenn auch früher, erwartet und das ich, wenn auch mit weniger Verlusten, erhofft hatte. Die Gewaltherrschaft war gebrochen, der Tyrann tot, seine Vasallen entmachtet. Die Heimkehr konnte nicht lange auf sich warten lassen. Dann würde man bald an den Wiederaufbau gehen können.

Schließlich war ich vor der russischen Gefangenschaft und ihren Schrecken bewahrt geblieben und bei den Amerikanern gelandet, die von allen Alliierten das meiste Ansehen genossen. Sie galten nicht nur nach dem Ersten Weltkrieg als die beste Besatzungsmacht (vielleicht auch, weil sie als erste abgezogen waren), sie hatten auch nie deutsche Soldaten in ihrem Land gesehen oder Zerstörungen erlitten. Von ihnen, die frei von Ressentiments waren, konnte man eine faire Behandlung erwarten. Der kurz vorher verstorbene Roosevelt hatte damals, gerade weil er von den Nationalsozialisten beschimpft wurde, den Ruf eines bedeutenden Staatsmannes, und den Morgenthauplan hielt ich für ein Produkt der Goebbelsschen Propaganda (beides war falsch, aber so kann sich eine einseitige Propaganda in ihr Gegenteil verkehren). In der Hand der Vertreter eines unzweifelhaften Rechtsstaates konnte mir kaum etwas Widriges begegnen, einmal abgesehen von der Tatsache der sicher nur kurzen Gefangenschaft selbst.

Diese Stimmung und die gute Meinung über die Sieger, denen wir uns ergeben hatten, wurde jäh beendet. Wir waren inzwischen auf offene Lastwagen verladen worden und fuhren in einen großen Schulhof. Ich stand an der Ecke eines Wagens. Noch bevor der Befehl zum „Absitzen" kam, streifte ein amerikanischer Soldat meinen linken Ärmel ein wenig hoch; nachdem er meine Armbanduhr entdeckt hatte, verlangte er diese. Ich reagierte nicht. Daraufhin nahm er sein Gewehr, richtete es auf mich und forderte mich unzweideutig auf, ihm meine Uhr zu übergeben.

Heute wundere ich mich über mich selbst. Ich verweigerte ihm die Uhr, d. h., ich ignorierte ihn. Um dies zu verstehen, muß man nicht nur wissen, daß mir als Städter ein Leben ohne Uhr kaum denkbar erschien. Noch weniger denkbar war für mich, daß amerikanische Soldaten Räuber oder gar Mörder sein sollten. Amerika, das Land der Menschenrechte, das um der Demokratie willen, wie es sagte, in den Ersten Weltkrieg eingetreten war und uns auch diesmal die Freiheit bringen wollte, dessen Armee wegen ihrer Disziplin bekannt war und dessen Volk zudem im Überfluß einer modernen Zivilisation lebte – weshalb sollten seine Soldaten plündern wie die Russen, auf die alle diese Voraussetzungen nicht zutrafen? Auch wenn es natürlich in der US-Armee wie überall in der Welt gelegentlich ein schwarzes Schaf geben mochte und ein solches in einem unbeobachteten Augenblick gern eine Uhr eingesteckt hätte – ein Schuß wäre unüberhörbar gewesen und die Erschießung eines Kriegsgefangenen zweifellos auf das schwerste geahndet worden. So vertraute ich mit einer mir selbst heute nicht mehr verständlichen Sicherheit auf die Rechtsordnung der großen, mir unbekannten transatlantischen Republik.

Nun, die amerikanischen Soldaten waren keine Mörder. Der Mann, dessen Aufmerksamkeit ich erregt hatte, setzte das Gewehr wieder ab. Wir verließen die Wagen und stellten uns in einer Reihe auf. Dabei mußte jeder seine Sachen auf der

Decke ausbreiten, um sie von den Amerikanern kontrollieren zu lassen. Alles, was nach Waffen aussah – diese selbst hatten wir natürlich schon bei der Gefangennahme abgegeben –, auch Taschenmesser verfielen der Konfiskation: So will es das Völkerrecht. Aber noch ehe die Sieger unser Eigentum des näheren untersuchten, forderten sie unsere Uhren. Ich weigerte mich im Bewußtsein, das Völkerrecht auf meiner Seite zu haben, und in dem Glauben, daß den Amerikanern das Privateigentum heilig sei, immer noch. Da rief einer aus unserer Mitte mit lauter Stimme: „Herr Hauptmann, die wollen uns unsere Uhren abnehmen." Dieser antwortete vom relativ weit entfernten rechten Flügel: „Mir haben sie die meine auch abgenommen." Als ich meinen Blick in die Richtung lenkte, aus der die Worte kamen, sah ich, daß die amerikanischen Offiziere im Haus verschwunden waren. Sie überließen uns der Willkür ihrer Soldaten. Da gab auch ich meine Uhr her.

Damit war es aber noch nicht genug. Mein schöner Tornister erregte auch das Interesse eines Amerikaners. Er nahm ihn sich einfach. Das war vielleicht noch am ehesten zu verstehen, denn er konnte ihn wohl selber brauchen. Die Folge aber war, daß ich in Zukunft alle meine Sachen in eine Decke einschlagen und so mit mir führen mußte, was das nun eingetretene Gefühl der Ohnmacht erheblich verstärkte.

Da ich Nichtraucher bin, habe ich im Krieg meine Zigaretten üblicherweise gegen nützlichere Sachen eingetauscht. So hatte ich von einem aus Italien kommenden Kameraden vor längerer Zeit ein Paar Damenstrümpfe erhalten, damals eine Kostbarkeit, die ich keinem Feldpostpäckchen anvertraute, um sie sicher selbst nach Hause zu bringen. Sie waren im übrigen ein geradezu ideales Gepäckstück, denn sie belasteten weder den Raum noch das Gewicht. Ein Amerikaner nahm sie trotz meines in mühsamem Schulenglisch geäußerten Widerspruchs an sich und gab sie vor meinen Augen, was mich besonders erbitterte, einem neben ihm stehenden attraktiven tschechischen Mädchen. Was mußte das schon für ein Frauenzimmer sein, das sich gleich nach dem Einmarsch einem fremden Soldaten als Begleiterin anbot und sich mit geplünderten Gegenständen beschenken ließ!

Es handelte sich also nach meinem damaligen Eindruck nicht nur um ein „schwarzes Schaf", sondern sozusagen um eine „schwarze Kompanie" von Soldaten, die auf dem linken Ärmel als Divisions-Wappen einen Indianerkopf trugen. Meine Meinung über die amerikanische Armee sank von Woche zu Woche. Noch zweimal sollte ich meiner nun nicht mehr vorhandenen Uhr ledig werden, in einem Kriegsgefangenenlager und am Münchner Odeonsplatz wurde sie mir abverlangt. Doch nun erlebte ich das Glück der Armut, die nicht mehr beraubt werden kann.

Erst sehr viel später bin ich dahintergekommen, daß für die amerikanischen Soldaten Uhrensammeln ein Sport war. Manche trugen so viele Uhren am Arm, wie dort nur gerade Platz war. Es handelte sich wohl um eine zivilisierte Art des Skalpnehmens: Die Zahl der Uhren bewies die Zahl der Gefangenen, die ein „tapferer" Soldat persönlich genommen hatte. Bei einem Sport fehlt natürlich das Unrechtsbewußtsein. Ob dies auch bei anderen Gegenständen galt, ist mir gleichgültig, seit man Uhren, Rucksäcke und Damenstrümpfe auch ohne Beziehungen und Bezugscheine kaufen kann.

Jeden, der in russischer Gefangenschaft war, muß ich um Verständnis dafür bitten, daß ich mich bei Umständen aufgehalten habe, die er zu Recht für Kleinigkeiten hält. Ich erwähne sie nur, weil an diesem Tag mein Idealbild der rechtsstaatlichen Demokratie Amerikas zusammenbrach, eine Reaktion, die natürlich ebenso übertrieben war wie das Idealbild selbst. Jedenfalls wurde ich mir der Ohnmacht des Besiegten bewußt.

Was folgte, ist in diesem Zusammenhang kaum der Erinnerung wert. Irgendwann haben wir die Tatsache der Kapitulation erfahren. Diese Nachricht machte uns keinen besonderen Eindruck, denn wenn die Russen in Prag und die Amerikaner in Pilsen standen, wenn Berlin gefallen und Hitler durch Selbstmord gestorben war, dann war der Krieg eben am Ende. Aber gemerkt habe ich mir den Augenblick, als ich einen nun auch kriegsgefangenen deutschen General erstmals wieder in alter militärischer Weise zum Grüßen die Hand an die Mütze legen sah, statt, wie es seit dem 20. Juli befohlen war, die Hand zum „deutschen Gruß" zu erheben. Die Herrschaft des Nationalsozialismus war also wirklich zu Ende.

Im Frühjahr 1955 reiste ich an der Spitze einer Delegation des Bundestagsausschusses für Verteidigung in die Vereinigten Staaten. Als ich irgendwo im Mittelwesten Soldaten begegnete, die den Indianerkopf als Wappen trugen, wurde plötzlich die Vergangenheit wieder lebendig. Etwas später, am 5. Mai 1955, erhielt die Bundesrepublik Deutschland die Souveränität zurück, für den freien Teil unseres Vaterlandes ein Tag der Freude und des Stolzes. Aus diesem Anlaß, fast genau auf den Tag zehn Jahre nach meiner Gefangennahme durch die amerikanische Armee, hielt diese uns zu Ehren auf einem kalifornischen Fliegerhorst eine Flaggenparade ab. Von meinen Kollegen war bei Kriegsende der eine aus dem Zuchthaus gekommen, in das ihn die Machthaber hatten stecken lassen, ein anderer aus der Emigration; ein dritter hatte als General noch bei der Ardennenoffensive um den Sieg gerungen – drei deutsche Schicksale, neben denen mir das meine durchschnittlich und kaum interessant erschien. Trotzdem waren meine Gedanken nicht nur politischer Art, als nun die Kapelle der Sieger das Deutschlandlied erklingen ließ.

GEORG LEBER

Wir fingen an

Ich war von 1939 an Soldat gewesen und hatte den Krieg, mit allem, was er bedeutet, miterlebt, auch den Beginn des uns allen unverständlichen und von niemand vermuteten Angriffs auf die Sowjetunion. Das konnte nicht gutgehen. Spätestens mit dem Eintritt der USA in den Krieg war das schlimme Ende unausweichlich.

So war der Niedergang vorauszusehen. Er trat in dem Augenblick, als wir auf dem Rückzug die deutsche Grenze überschritten und die sowjetische Armee deutschen Boden betrat, in sein letztes Stadium.

Ich wurde am 2. Februar 1945 in der Nähe von Königsberg verwundet. Dort in Ostpreußen, als der Krieg mit seiner vollen Härte im Winter über die Zivilbevölkerung hereinbrach, erhielt ich einen Eindruck von dem Elend und der Not, die über unser Volk kommen würde. Nun lag ich verwundet in einer Baracke in Pillau auf der Frischen Nehrung und wartete mit Hunderten verwundeter und schwer verwundeter Kameraden auf ein Schiff, das uns in ein Lazarett bringen sollte.

Die Zeit verging, und nicht wenige der Kameraden überstanden das Warten nicht mehr. Dann war es doch soweit. Das Lazarettschiff hatte Platz für 300 Verwundete und Wasser und Verpflegung für 3 Tage. Es nahm aber noch 700 Flüchtlinge auf, denn in der Zwischenzeit war die Rote Armee von Süden her bis zur Ostsee vorgestoßen und hatte damit den Fluchtweg für die Bevölkerung zu Lande abgeschnitten. Das Schiff war aber nicht drei, sondern 7 Tage unterwegs, und wir hatten alle Hunger. Weil der Hafen von Stralsund aus der Luft vermint worden war, konnten wir nicht in Stralsund einlaufen, sondern kamen nach Kiel und wurden von dort nach Rendsburg gebracht.

Hier hatte man eine Schule in der Eile behelfsmäßig als Lazarett hergerichtet. Es fehlte an allem, an einfachem Verbandszeug, an antiseptischen Mitteln, an Medikamenten und an Ärzten – ich wurde von einem Zahnarzt am Bauch und den Beinen, die voller Granatsplitter waren, operiert.

Dort lagen wir und hörten im Radio, wie die Amerikaner und Engländer Tag für Tag im Westen weiter vordrangen; sie standen schon bei Frankfurt am Main, und auf der anderen Seite näherten die Russen sich Frankfurt an der Oder.

Wir hörten die Bombengeschwader der Alliierten am hellen Tag über uns hinwegdonnern und hörten die Detonationen, als Kiel in Trümmern begraben wurde. Es kamen immer mehr Verwundete, und es war kaum noch Platz für sie.

So wurden die schon halbwegs nicht mehr ans Bett Gebundenen unter uns gefragt, ob wir nicht bereit seien, uns entlassen zu lassen, um zu Hause ambulant weiter behandelt zu werden. Das war für mich eine Chance, zu meiner Frau zu kommen. Sie war in der Steiermark in Österreich. Ich wurde also mit zwei Krücken „in Marsch" gesetzt und brauchte 17 Tage von Rendsburg bis nach Graz. An manchen Tagen hatte ich mit der Eisenbahn oder mit angehaltenen Autos kaum 20 km zurückgelegt. Die Fliegeralarme lösten einander ab. Im Westen waren die Amerikaner nicht mehr weit, und im Osten kamen die Russen. Viele Städte, durch die wir kamen, standen in Flammen. Wir hatten Hunger; Millionen waren unterwegs.

So kam ich in der Steiermark an. Es war Ende April geworden. Die Wunden waren zwar langsam verheilt, aber sie schmerzten doch noch sehr. Ich meldete mich zur ambulanten Behandlung und kam zu einer Flakeinheit. Dort in der Steiermark, die bis dahin vom Krieg verschont geblieben war, kam der Krieg nun auch von allen Seiten, im Norden von Wien her über den Semmering, im Süden aus Jugoslawien und aus Italien über Kärnten die Engländer. Der Ausnahmezustand wurde angeordnet. Soldaten, die ohne gültigen Ausweis angetroffen wurden oder die sich ohne Erlaubnis länger als 24 Stunden von ihrer Truppe entfernt hatten, wurde angedroht, standrechtlich erschossen zu werden. So stand es auf Plakaten zu lesen, die an Telegrafenmasten aufgehängt waren.

Am 4. Mai kam die Nachricht vom Tode Hitlers. Nun glaubten alle, der Krieg und die Zeit des Leidens sei zu Ende. Ich hatte nur meine Uniform, sonst kein Kleidungsstück. Ich weiß nicht, wie lange ich gebraucht habe, um die Dienstgradabzeichen von den Schultern und vom Kragen zu entfernen. Bei dieser Tätigkeit wurde mir bewußt, was sich nun alles ändern würde. Ich war jung, wir waren in den Krieg hineingewachsen, hatten ihn zwar überlebt, standen nun aber vor den Trümmern. Niemand konnte vorhersehen, was nun kommen würde. So war ein Volk noch nie bis zur letzten Konsequenz in seine Vernichtung geführt worden.

Am 5. Mai kamen die Russen und besetzten das Land. Damit begann eine neue Phase des Leidens und der Angst. Viele Frauen wagten es nicht, nachts in ihren Häusern zu bleiben und verbrachten die Nächte in den Weinbergen oder an verborgenen Plätzen.

Nach wenigen Tagen forderten die Russen die Bevölkerung auf, die Soldaten anzuzeigen, die sich dort verborgen hielten und keine Österreicher waren. Damit war auch ich gemeint, und viele wußten, daß ich dort war. Ich wurde von niemandem in dem Dorf an die Russen verraten. Schließlich fand ich für einige Tage Aufnahme in einem Krankenhaus. Ich wollte doch, nachdem der Krieg zu Ende gegangen war, nicht noch das Risiko eingehen, ohne voll genesen zu sein, in russische Gefangenschaft zu geraten. Nach ein paar Wochen zogen die Rotarmisten ab, und die Engländer kamen als Besatzungstruppen, das Land atmete auf.

Ich war bettelarm, hatte nichts als eine umgefärbte Uniform, aber nun war der Krieg doch wohl zu Ende. In Österreich begann sich neues staatliches Leben zu entwickeln, aber ich konnte noch nicht nach Hause. Es gab noch keine Verkehrsmöglichkeiten und keine Erlaubnis durch die Besatzungsbehörden. Formell war ich Kriegsgefangener.

Im Juni 1946 kam ich dann mit einem Militärtransport zusammen mit vielen, denen es ähnlich erging, in einem Viehwaggon mit meiner Frau und unserem wenige Monate alten Sohn in Deutschland an.

Ich war kaufmännischer Angestellter gewesen. Es gab kaum noch Schreibtische, an die man sich hätte setzen können. Ich suchte auch nicht danach, sondern suchte mir eine Arbeit, wurde Maurer wie mein Vater – wir fingen an aufzubauen – Stein auf Stein.

HANS MAIER

Als der Krieg zu Ende war

Das Jahr 1945, letzte Steigerung des Krieges und zugleich – wer ahnte es damals! – Auftakt eines dreißigjährigen Friedens oder doch Nicht-Kriegs: dieses Jahr des verheißenen „Endsiegs", des Untergangs der deutschen Städte im Feuer und der bedingungslosen Kapitulation hat trotz Borchert, Eich und Böll seinen Homer noch nicht gefunden. Die Jahre des Wirtschaftswunders haben jene Zeit der Improvisation und des Überlebens, des Schwarzmarkts, der Lebensmittelkarten, Trümmerfrauen und Kippensammler aus unserem Gedächtnis verdrängt. Wem sagt das Wort „Interzonenpaß" noch etwas? Oder das Wort „Carepaket"? Er erinnert sich noch an brand- und raucherfüllte letzte Kriegswochen, wo fast jeder sein Sach auf nichts gestellt hatte, an Moder und Steinschlag in feuchten Luftschutzkellern, an die Zuckungen des niedergehenden NS-Reiches, an Standgerichte und verbrannte Erde? Fast vergessen ist auch, was dann folgte: das Zurückgleiten in einen quasi staatslosen Naturzustand im Übergang zur Besatzungszeit, als die alte Ordnung zerbröckelte, die neue sich noch nicht befestigt hatte und es kaum auffiel, wenn Plünderungen sich als Demontagen tarnten und da und dort Bevölkerung und Besatzungssoldaten gemeinsam über Lager, Materialsammlungen, Kohlehaufen in zerborstenen öffentlichen Gebäuden herfielen, um Lebensmittel zu beschaffen oder sich vor der Kälte zu schützen. Im Nachkriegswinter 1945/46, als die Ruhrbevölkerung auf der Kohle saß, aber keine bekam, ist sogar das Aufspringen auf fahrende Reparations-Güterzüge und die Entnahme von Kohle – in häuslichen Gebrauchsmengen, versteht sich – durch ein oberhirtliches Wort zum naturrechtlich erlaubten „Mundraub" erklärt worden, solches Tun wurde vom Kölner Witz sogleich als „Fringsen" in die deutsche Sprache eingebürgert. Wahrhaftig, will man das *homo homini lupus* des Naturstands an der Quelle studieren, so gibt es dafür kein besseres Beobachtungsfeld als jene Monate nach dem Krieg, als es zwar nichts zu essen, aber Kalorien gab, als die Todessignale der Sirenen schwiegen, aber auch noch kaum etwas zum Leben da war, als weder Post noch Personenverkehr funktionierten und die abendliche Ausgangssperre den aufgestauten antifaschistischen Elan in Grenzen hielt, damit er der Besatzungsmacht nicht gefährlich wurde.

Erinnere ich mich an jene Zeit, so bleibt als stärkster „leibhaftiger" Eindruck das Gefühl einer ungeheuren Beengung – und zugleich eines Drangs, auszuweichen, zu entschlüpfen, zu entkommen. Eingeschlossensein im Gefängnis und zugleich listiges, unermüdliches Tasten nach Auswegen an allen Ecken und Enden, das war die Lebenssituation in den letzten Kriegsmonaten, als Bombenalarm und Beschießung zum dauernden Sich-Verkriechen und Deckung-Nehmen zwangen. Man saß buchstäblich in der Falle. Der Ring zog sich täglich enger. Vom 27. November 1944, als Freiburg durch einen Luftangriff zerstört wurde, bis zur Besetzung durch die Franzosen am 23. April 1945 bin ich aus meiner Heimatstadt nur einmal herausgekommen, mit dem Fahrrad zu Verwandten am Tuniberg, kaum 20 Kilometer entfernt. Der harmlose Ausflug, in vielen Hamsterfahrten während des Krieges erprobt, geriet zur riskanten Expedition zwischen Bombentrichtern, Blindgängern und den gefürchteten Tiefflügen der Thunderbirds; es dauerte Stunden, bis man zurückkam. Durch die Oberrheinebene zogen sich die eilends ausgehobenen Gräben des „Westwalls"; alles, was Arme und Beine, Schaufeln und Pickel hatte, war 1944 dorthin gekarrt worden zur Schanzarbeit oder, wie man sagte, „zum Schippen". In der Ferne sah man Breisach, des Heiligen Römischen Reiches Schatzkästlein – jetzt nur noch eine rauchende, schwarzstarrende Wildnis; die Südwand des Münsters mit dem Weltgericht Martin Schongauers, erzählte man, war bei der Beschießung eingebrochen, zerstört.

Bei aller Beengung war man freilich in jenen Tagen ungewöhnlich, ja absonderlich aktiv, vollbrachte sportliche Leistungen beim Klettern in Ruinen und über Trümmer, legte riesige Distanzen zu Fuß zurück, stürmte bei Fliegeralarm im Eiltempo in Keller oder Bunker, transportierte Möbelreste und andere Habseligkeiten – wir waren zweimal „ausgebombt" worden – viele Kilometer weit auf Leiterwagen oder Fahrrädern, denn Autos gab es in der zerstörten Stadt kaum mehr und Straßenbahnen erst recht nicht. Wer noch konnte, floh in den Schwarzwald. Nur mit beträchtlichem Gottvertrauen ausgestattete Zeitgenossen unternahmen noch größere Reisen. Frühmorgens, als die Tiefflieger noch nicht regierten, zog ich einmal auf einem Leiterwagen die Habe eines orthodoxen Geistlichen, den es nach Freiburg verschlagen hatte und der wieder nach Berlin zurückwollte – gewiß ein vergebliches Beginnen –, an den Bahnhof; dort prangte in großen Lettern wie zum Hohn der Spruch „Räder müssen rollen für den Sieg". Der Wehrmachtsbericht häufte beschwichtigende und verhüllende Worte. Tagsüber rannte man im Kreis herum, ohne ausbrechen zu können: Das Ende des Krieges war zwar greifbar nahe, aber niemand wußte, wann die Alliierten die Stadt erreichen würden und ob am Ende Franzosen oder Amerikaner im Südwesten das Rennen machten. Die Front rückte näher. Man hatte ein heftiges Bedürfnis, auf einen der Berge ringsum zu steigen oder wenigstens auf einen Turm – aber das war zu gefährlich. Unser Pfarrvikar, Nazigegner, heimlicher Mentor *in politicis* und als eifriger Hörer von Radio Beromünster gut informiert, wußte über den militärischen und politischen Stand Bescheid; er gab Nachrichten weiter, die unsere Eltern erschauern ließen – nicht weil sie sie nicht geglaubt hätten, sondern weil sie, würde er ertappt, für sein Leben fürchten mußten; denn „Gerüchte" (und das hieß im Zweifel: die Wahrheit) zu verbreiten, noch dazu von ausländischen Sendern, konnte in jenen Tagen das Leben kosten. An Ostern, die Stadt lag schon unter Beschuß, nahm er uns

Ministranten auf den noch unversehrten Kirchturm mit, um zu beobachten, was am Oberrhein vor sich ging; sicher hatte er ebenso Angst wie wir; aber das Wort „Kriegsgeschehen" klang aus seinem Mund wie ein furchterregender und zugleich atemberaubender und lockender Trommelwirbel.

Wir zehn- bis vierzehnjährigen Buben, eben dem Karl-May-Alter entwachsen, hatten Sinn für das Dramatische der Situation, wir fühlten uns verstrickt in ein etwas ernsteres Indianerspiel – aber natürlich begriffen wir den Ernst der Dinge noch nicht ganz, sowenig wie Kinder, wenn der Tod in ihren Lebenskreis einbricht. Dies jedoch geschah täglich und stündlich. Unter den Ruinen der Altstadt, durch die statt Straßen Trampelpfade führten, lagen Hunderte von Toten, bis zur Übergabe der Stadt kamen fast täglich weitere hinzu. Niemand wußte, was ihn tagsüber oder nachts bei Luftangriffen erwartete. Ich wohnte mittlerweile weit im Osten der Stadt, und ein fast täglicher Gang führte mich frühmorgens in unsere Pfarrkirche, wo ich beim Seelenamt für die jeweils bei jüngsten Angriffen ums Leben Gekommenen Orgel zu spielen hatte (der Organist war in Rußland). Seltsamerweise fand sich bis zuletzt immer ein kleiner Chor älterer Damen (von uns lateinkundigen Ministranten liebevoll-boshaft *Clamor inopiae* – Gesangsverein Notschrei – genannt), die im Chaos unbeirrt das ‚Gib ihm die ewige Ruhe' sangen. Beim Heimweg kamen die Tiefflieger; in einem Unterstand liegend, während Bomben fielen, dachte ich nach über Vergangenheit und Zukunft. Ich weiß noch, daß mich ein sinnloser wilder Zorn packte: Warum war ich, gerade ich, hineingerissen in etwas, was ich nicht begonnen hatte, wofür ich keine Verantwortung besaß und was sich meinem Willen wie ein gleichmütig abrollendes Naturereignis entzog!

Da es keine Schule mehr gab, wurden Jugendgruppen und Pfarrgemeinde ein Sammelplatz für unsere Aktivitäten. Die Männer waren im Krieg, und wir Halbwüchsigen hielten mit Frauen und Kindern die Gemeinde zusammen, unter den nachsichtigen Augen von Pfarrer und Vikar. Natur- und Kirchenjahr bewegten sich mit majestätischer Unparteilichkeit durch die brodelnde Zeit; schmerzhaft schöne Frühlingstage bildeten den Hintergrund für die uralte Karliturgie. Man lebte im sichernden Rhythmus kirchlicher Feste, als ginge einen das Kriegsgetümmel gar nichts an. Bald nach Ostern wurde die Stadt besetzt. Der Krieg ging zu Ende. Die Sirenen verstummten. Die Tiefflieger blieben aus. Man atmete auf. Und dann begann die Nachkriegszeit.

Auch jetzt noch blieben die Schulen zu. Die männliche Schuljugend wurde „zum Schippen" eingezogen, zum Freischaufeln der verschütteten Straßen; den ganzen Sommer und Herbst, bis die Schule wieder begann, räumten wir im Freien Trümmer. Von den Plakatsäulen leuchtete gewaltig-pathetisch die Kunde von der Eroberung von „Rhein und Donau" durch die Truppen de Lattre de Tassignys. Neben den blau-weiß-rot gerahmten Wortplakaten erschienen bald auch Bilder von Konzentrationslagern an den Plakatsäulen, anklagende Bilder gefolterter, verbrannter Menschen. Man sah im täglichen Gerauf um Brot und Wohnung darüber weg: Was sollten uns Bilder, da wir bei Fliegerangriffen so oft lebend Verbrannte gesehen hatten? Erst Jahre später lasen wir Kogons ‚SS-Staat' und begriffen langsam, was geschehen war.

Das Jahr 1945 brachte viele Begegnungen und Bekanntschaften – unmittelbare und solche durch Bücher, über den Rundfunk. In der Neujahrsnacht 1945 hörte ich erstmals über BBC eine Ansprache Thomas Manns an das deutsche Volk, freilich ohne sie zu verstehen – es mag am „lübschen" Ton, aber auch an den Worten und Begriffen gelegen haben; das ganze blieb weit, weit weg. Später zogen nähere Gestirne im vertrauten Südbaden an uns Jüngeren vorbei – Reinhold Schneider, für den wir schon im Krieg Beeren im Wald gesammelt hatten (er durfte fast nur Obst essen); seine ausgemergelte dürre Riesengestalt, wie aus einem Bild El Grecos geschnitten, begegnete uns oft bei Spaziergängen am Lorettoberg. Plötzlich tauchte Alfred Döblin in der Uniform eines französischen Colonel in der noch halbzerstörten Aula der Freiburger Universität auf bei einer der ersten Nachkriegsveranstaltungen („Unsere Sorge – der Mensch"). Den

Philosophen Heidegger dagegen sah man in jenen Tagen – es klingt heute schier unglaubhaft – wegen einiger Taten oder Unterlassungen im braunen Reich Straßenarbeiten tun, bis der bärbeißige Universitätsrektor Allgaier, ein Theologe, ihn bei General König losbat – worauf alsbald sein bis heute anhaltender Siegeszug durch die Romania begann. Daß eine bei uns wohnende Studentin uns noch 1945 versicherte (irrtümlich, hoffe ich), Professor Heidegger glaube an den Endsieg, ist eine der frühen Wurzeln für mein abgründiges Mißtrauen gegen die politische Urteilskraft von Gelehrten und Intellektuellen.

Von der „Gnade des Nullpunkts", über die manche damals räsonierten, spürten wir nichts. Denn jenes Jahr war gnadenlos. Es riß heraus aus allen Träumen. Es schlug die festen Geländer weg. Kindheit und Karl-May-Zeit waren zu Ende. Nur weniges blieb übrig, was sich in jenen Tagen als Halt, als Widerpart bewährte, und dieses wenige kam nicht vom „Nullpunkt", es kam aus älteren, stärkeren Traditionen. Der eintönig-tröstende Gesang vieler Totenmessen gehört in meiner Erinnerung an 1945 ebenso dazu wie der Anblick des Reichsadlers im ausgeblasenen Freiburger Münster – Erinnerung an Vorderösterreich und an ein älteres Reich der Deutschen; aber auch die schlichte, gelbrote Flagge Badens, in deren Zeichen der politische Wiederaufbau begann, die Gestalt Leo Wohlebs und die mit ihm verbundene Hoffnung auf eine kleinräumige, „eidgenössische" Demokratie im deutschen Südwesten.

Vieles kam anders als erhofft beim langen Weg in die dreißigjährige Nachkriegszeit – aber noch heute bleibt das Staunen, daß es weiterging nach so viel Abbruch und Zerstörung und daß wir, fast noch Kinder, die Todesschwelle überschritten, überlebend ohne Verdienst.

HEILWIG VON DER MEHDEN

Mit der Hochbahn an die Front

Die ersten englischen Soldaten, die wir zu sehen bekamen, waren richtige Schotten mit Schottenröcken und Dudelsäkken, auf denen sie spielten. Es war sehr merkwürdig, daß viele Tage, nachdem man erobert worden war, sich die Eroberer selbst zum erstenmal in dieser Aufmachung und von so merkwürdigen Geräuschen begleitet zeigten. Sie kamen den Grenzweg heraufgedudelt. Meine Cousine, die damals auch immer dabei war, behauptet allerdings, sie wären die Parallelstraße hinuntergedudelt. Da wir es beide ganz genau zu wissen glauben, ist vielleicht auch sonst manches in diesen Erinnerungen fragwürdig, und ich bitte schon jetzt alle um Verzeihung, die es dort damals anders miterlebt zu haben glauben.

Obgleich mein Professor, den ich Mitte April 1945 in Prag um Rat gebeten hatte, meinte, es bestünde kein Anlaß zur Besorgnis und zur Flucht aus der Stadt Prag, hatte ich dennoch meine Koffer gepackt und war zu meinen Verwandten gereist, die in den „Walddörfern" am Rande von Hamburg wohnten. (Der Professor hat übrigens noch viele Jahre weiter Geschichte gelehrt – allerdings nicht in Prag.) In Hamburg traf ich meine ganze Familie an, die in dem von Flüchtlingen und Ausgebombten schon genügend bevölkerten Haus meiner darob nicht allzu entzückten Tante in Luftschutzbetten im Wohnzimmer kampierte, da bei uns zu Hause im Rheinland unsere Schlafzimmer schon unter Artilleriefeuer gelegen hatten. Da ich von kleinauf in diesen Walddörfern manche Ferien verbracht hatte, traf ich auch sonst eine Menge Bekannter, mit denen ich früher zuerst Murmeln und dann Tennis gespielt hatte. Es waren die Freundinnen von einst; die Freunde waren alle im Krieg, und viele waren gefallen.

Es gab zwar niemanden mehr, der um diese Zeit noch an den Endsieg glaubte, aber es gab auch niemanden, der einem sagen konnte, welche Maßnahmen nun ergriffen werden sollten. Immerhin vergruben wir im Garten das Silber, meines Vaters Jagdgewehre und die Cognacflaschen, die unser in Stalingrad verschollener Onkel aus dem Frankreichfeldzug mitgebracht hatte. Der andere daheimgebliebene Onkel war inzwischen zum Volkssturm eingezogen und fuhr in einer zwei Nummern zu kleinen Uniform jeden Morgen mit der Hochbahn an die Front, um in den Harburger Bergen dem heranrückenden Feind aufzulauern. In der Stadt fielen immer noch Bomben, und ganz von fern hörte man auch Artillerie schießen, wie uns die Veteranen aus dem Ersten Weltkrieg erklärten.

Und dann kam eines Tages Egon. Egon war Flakoffizier und der Verlobte von Charlotte, die seit eh und je im Hause nebenan gewohnt hatte. Es war nicht ganz klar, wieso Egon da war, und die langjährige gute Nachbarschaft bekam einen empfindlichen Knacks, weil meine Tante fand, eigentlich sei Egon ja ein Deserteur. Kein Mensch wußte so recht, was unsere Sieger mit uns vorhatten, und irgendwie tauchte das Gerücht auf, im Sinne des Morgenthauplanes zur Reduzierung der deutschen Bevölkerung werde sicher als erstes das Heiraten verboten werden. Große Debatten fanden unter uns Mädchen statt – wir sahen uns ja schließlich als Hauptbetroffene an –, ob man in diesem Falle auch ohne Trauschein das Aussterben der Nation verhindern solle. Davon hielt Charlottes Vater gar nichts. Und so kam es, daß noch ganz schnell ein Hochzeitsfest arrangiert wurde – und zwar ein ganz richtiges mit großem Essen, zu dem alle Nachbarn beisteuerten, und langen Kleidern. Nur junge Männer fehlten außer Egon völlig. Am Abend dieser Hochzeit war es, daß man Hitlers Tod im Radio meldete. Wir wurden alle entsetzlich traurig, nicht um Hitler, sondern weil wir uns so verraten und um unsere Jugend und Freunde gebracht fühlten. Wir dachten daran, wie wir als Kinder voller Begeisterung und mit klammen Fingern für das Winterhilfswerk gesammelt hatten und an alles, was sonst von uns verlangt und geleistet worden war, und kamen uns reichlich betrogen und verkauft vor.

Kurz darauf beschloß der Hamburger Gauleiter zu kapitulieren und verteilte zunächst einmal auf „Sonderabschnitte" noch Speck und andere Lebensmittel. Und dann kamen die Soldaten bei uns vorbei, die vor der Kapitulation aus der Stadt in Richtung Schleswig-Holstein abrückten. Eine endlose nicht mehr recht geordnete Kette – zu Pferd, in Kraftfahrzeugen und zu Fuß. Es kam einem sehr merkwürdig vor, daß hier zum Teil völlig erschöpfte Menschen zu Fuß aus der Stadt anmarschiert kamen, wohin wir immer noch bequem mit der Hochbahn fahren konnten. Frau Otto an der Ecke zur Landstraße war die erste, die die müden Krieger mit selbsteingekochtem Saft erquickte, aber schließlich gab es dort eine richtige Verpflegungsstation, und wir alle, Mütter und Töchter, halbwüchsige Brüder und natürlich auch der Volkssturm, der längst mit Hilfe seiner Monatskarten wieder eingetroffen war, kochten Kaffee und Tee – oder das, was man damals so nannte –, machten Brote, schleppten Wasser und Saft und rannten zwischen den Häusern und der Landstraße hin und her, um die geschlagene Armee nach besten Kräften zu erfrischen. Natürlich haben die älteren Herrschaften und die Knaben mehr das Kochen und Schleppen besorgt, während wir Mädchen die Ausgabe übernahmen. In rührendem Glauben an die deutsche Organisation bekamen wir zum letztenmal in diesem Krieg Feldpostnummern auf Zettelchen übergeben, und ein noch sehr munterer Trupp schoß „zu Ehren der Damen" eine richtige Panzerfaust über den Acker ab. Schließlich waren alle Soldaten vorbei, es wurde Mittag, und der Krieg war für uns aus.

Doch plötzlich erreichte uns die Schreckenskunde, daß am anderen Ende der Waldsiedlung eine Kompanie Soldaten begonnen hatte, sich einzugraben. Wir alle wußten, daß hier, hinter der Hochbahnbrücke, Hamburg zu Ende war, und diese Kompanie, die befehlsmäßig Hamburg geräumt hatte, wollte hier nun weiterkämpfen. Aber der Argumentation unserer Volkssturmveteranen „Kinder, seid doch vernünftig!" wichen sie schließlich, um sich irgendwo anders einzugraben, wo keiner mehr in der Nähe sein sauer erspartes Einfamilienhaus hatte.

Und dann geschah zunächst überhaupt nichts. Unsere Besieger waren unsichtbar und sprachen nur über das Radio zu uns. Abends sperrten sie uns vorerst alle in unsere Häuser ein. Da es aber keine Kontrolle gab, beachteten wir dieses Verbot kaum. Erst nach vielen Tagen bekamen wir dann die ersten Eroberer zu Gesicht. Das waren jene Schotten mit den Dudelsäcken, deren Marschrichtung heute nicht mehr festzustellen ist.

TISA VON DER SCHULENBURG

Zurück im Einspänner

Die Stunde Null. Für den einen die Befreiung, für den andern die Gefangenschaft, für den das Untertauchen, für den der Freitod. Meine Stunde Null. Ich muß ausholen. Ich lebte auf einem Gut westlich von Schwerin in Mecklenburg, eine Autostunde von Hamburg. Im Januar 1945 waren die Russen in Ostpreußen durchgebrochen, seitdem quoll unaufhaltsam ein Strom von Menschen auf das Gut. Sie kamen angefahren, blieben ein paar Tage, fuhren weiter. Es wogte hin und her. Wie in einem Ameisenhaufen, den man aufgescheucht hat. Vergebens der Versuch zu helfen, zu ordnen. 120 Menschen kampierten zum Schluß im Haus. Würde der Russe oder der Amerikaner zuerst bei uns sein? Als die Russen 60 Kilometer entfernt waren, beschloß meine Schwägerin, die Witwe meines 1944 hingerichteten Bruders Fritz Dietlof, mit ihren 6 kleinen Kindern nach Holstein zu fahren. Ich fuhr sofort nach Schwerin zur „Partei", ich bildete mir ein, sie würden meiner Schwägerin die Fahrt erlauben. Dort nichts als Hektik, der Gauleiter schon geflohen, sein Stellvertreter sagte bleichen Gesichtes „nein". Er, natürlich, setzte sich dann mit falschen Papieren ab.

Also mußte die Fahrt bei Nacht und Nebel geschehen, da niemand außer den hohen Genossen fliehen konnte. Ein großer Wagen wurde durch mehrere Stangen, über die ein Teppich gehängt wurde, in ein fahrendes Zelt verwandelt. Unter diesem Zeltdach strahlten mich im Kerzenschein die Gesichter von acht Kindern an, Fritzis sechs und zwei Flüchtlingskinder. Ein ostpreußischer Fahrer, meine Schwägerin und Klara, der gute Hausgeist.

Mondschein. Ziehende Wolken. Eine warme Nacht. Geflüster. Leises Lachen der Kinder, die Pferde zogen an. Ich fuhr mit dem Einspänner hinterher. Ein junges Mädchen mit mir. Ihre Eltern hatten sich einige Tage vorher vergiftet. Die Fahrt war geisterhaft. Ich schlief ein. Wachte auf. Das Pferd schlief ein. Dann gab es einen Ruck an den Zügeln. Ich zog an, es ging weiter. Wir fuhren im Schritt.

Nein, ich schlief nicht. Ich war den Erinnerungen ausgeliefert, die mich zwischen Schlafen und Wachen überfielen. Sie überfielen mich wie etwas Entsetzliches. So, als ob ich Nadeln verschluckt hätte und sie nun, jede einzeln, wieder erbrechen müßte.

Das Ganze hatte etwas Ekliges, Grausiges. Ich sah jede Szene der vergangenen Zeit in beißender Schärfe vor mir. Jede Gemeinheit. Jede Demütigung. Jedes Scheitern. Wie entsetzliche Bluthunde, so verfolgten mich die Bilder, eins nach dem andern. Wie in einem Film des Wahnsinns rollte die ganze Zeit noch einmal vor mir ab. Unabwendbar war das Böse über uns hereingebrochen, und die letzten Monate waren wie ein Wirbel gewesen, in dem alles nur noch schneller dem Abgrund zutrieb. Der war gestorben, der gefallen, der erhängt. Der war verraten worden, der hinterrücks ermordet. Den hatten sie erpreßt, den angezeigt, den eingesperrt. Zwölf Jahre lang Haß, Verfolgung, Brutalität. In diesem merkwürdigen Zustand zwischen Schlaf und Wachen sah ich alles klar, überscharf gezeichnet vor mir. Am letzten Abend noch waren schweigsame ältere Männer auf der Flucht zu uns gelangt. Wer waren sie? Eine Gruppe verbissen aussehender Männer. Wachmannschaft aus Sachsenhausen, hatten sie zur Antwort gegeben. Ich war froh, daß ich fort war. Mit ihnen wollte ich nicht unter einem Dach bleiben. Ihre Gesichter sollten mich noch lange verfolgen: breit, bleich, starke Kinnbacken, verkniffener breiter Mund, eine steile Falte zwischen den Augen, ein schweifender Blick. Für mich war diese Nacht vom 27.–28. April der Punkt Null.

Denn – ich fuhr der Freiheit entgegen. Wie sie auch aussehen würde, ich würde frei sein. Das Morden würde ein Ende haben. Das Morden und die Tyrannei. Die Vorstellung der Freiheit erfüllte mich wie ein Rausch. Wie ich mir mein Leben verdienen würde, darüber machte ich mir keine Sorgen. Es war mir auch ganz gleich: wichtig war nur, das so lange und so bitterlich ersehnte Ende war gekommen! Jede Stunde, die ich westwärts fuhr, brachte mich der Befreiung näher. Als das Dunkel der Nacht dem ersten Morgengrauen wich, da wichen von mir die Traumgesichter, wichen Schrecken und Angst. Und als die Sonne aufging und das Land ringsum erwachte, da erfüllte mich ein Taumel, eine zitternde Freude – nur noch wenige Tage, wenige Stunden, dann würde der Spuk für immer vorbei sein. Dann würden diese Jahre versunken sein. In Travemünde übernachtet, am 29. April hinauf nach Holstein. Die Straßen waren leer, noch war die Flüchtlingswelle nicht bis hierher übergeschwappt. Wir machten auf einem Gutshof Rast. Ein freundlicher junger Mann bewirtete uns. Nachdem er den Namen Schulenburg gehört hatte, sprach er offen von seinem Haß auf Hitler. Kurz darauf wurde dieser junge Mann noch angezeigt und von den Nazis hingerichtet, bevor die Engländer 3 Tage später den Hof erreichten.

Nachmittags Ankunft bei Verwandten. Ein großes Zimmer für meine Schwägerin, Klara und die sechs Kinder. Abends die Nachrichten: Russen und Amerikaner waren je 8 km von Schwerin entfernt. So fuhr ich am 30. April um 4 Uhr früh zurück, mit dem Ostpreußen und dem Einspänner. Nach 11 Stunden waren wir an der Abbiegung bei Schlutup, dort aber war die Hölle los. Alles drängte in den Westen. Flüchtlinge zu Fuß, Flüchtlinge auf Fahrrädern, Flüchtlinge auf großen Leiterwagen mit der Plane darüber. Die kleineren Pferdewagen waren meist schon in den Straßengraben gedrängt. Rücksichtslos brachen sich die Laster und die schwarzen Mercedes der Partei den Weg. Die Panzersperren, die nur eine Autospurbreite frei ließen, waren das größte Hindernis. Da staute sich alles wie bei einer wilden Brandung. Wer war denn noch so wahnsinnig und fuhr in den Osten zurück? Wer versperrte allen den Weg? Der kleine Einspänner! Autobremsen knirschten, Fahrer fluchten, das Pferd bäumte sich. Für eine

Strecke von 6 Kilometern brauchten wir 8 Stunden. Scheinwerfer blendeten uns. Am Wegrand lagen Tote. Ich stieg ab. Lieber wollte ich zu Fuß weiter. Ein Laster vom Roten Kreuz, der noch Verwundete rausholen wollte, nahm mich mit. So fuhren wir in den Morgen hinein, in den Morgen des ersten Mai. Auf unserer Straße war gerade ein Fliegerangriff gewesen. Die Kronen der blühenden Kirschbäume lagen wie fortgeworfene Blumensträuße auf dem Acker. Auf dem Akker, ebenfalls weit verstreut, lagen einige Laster umgestülpt wie Käfer auf dem Rücken. Am Straßenrand nebeneinander hingelegt, die Toten, mit dem seltsamen Winkel der Füße, der den Tod verrät.

Ich stieg ab und ging querfeldein zum Hof zurück. Dort war großes Durcheinander. Ein General hatte mit seinem Stab Quartier genommen, dreitausend Soldaten strömten auf den Hof. Meine Frage, ob Russen oder Amerikaner zu uns kommen würden, beantwortete der General ungehalten, er hatte gewußt, warum er sich seit Ostpreußen bis hierher abgesetzt hatte. Zu uns würden die Amerikaner kommen. War im Haus noch Platz für den Stab? 120 Flüchtlinge! Zur Not machten wir einige Zimmer frei. Würden noch einige so wahnsinnig sein und kämpfen? Mit den Frauen im Dorf hatte ich es durchgesprochen: Handtücher, Bettlaken, was es auch sei, wir würden sie hissen, wenn die Amerikaner kämen. Schwerin wurde am 2. Mai von Amerikanern und Russen besetzt. Der Schweriner See war die Grenze. Der General schickte einen Unterhändler hin. Es war der zweite Mai nachmittags, 3 Uhr. Atemlos stürzte jemand aus dem Dorf zu mir. Die weißen Fahnen! Die Feldpolizei drohe mit Erschießen. Ich lief vor das Haus. Da kamen sie angefahren, um den Rasen herum, in sechs Jeeps, die Amerikaner.

Im Battledress. Sie standen auf der Freitreppe. Betraten das Haus. Der Krieg war zu Ende. Ich drängte mich zu den Verhandlungen. Die 120 Flüchtlinge durften im Haus bleiben, die Amerikaner zogen in das Wirtschaftshaus. Für den Oberst machten wir zwei Zimmer frei. Alle Waffen abgeben. Jagdgewehre und Pistolen häuften sich auf einem Bett. Sie forschten: Wie kommt es, daß der Weinkeller leer ist? Ich hatte vorgesorgt. Einige Kisten mit Wein mit den französischen Gefangenen im Wald vergraben. Die Franzosen leerten sie zur Feier ihrer Befreiung. Wie kommt es, daß Sie besser Englisch sprechen als ich, sagte mir ein Amerikaner empört. Doch eben dies Englisch half.

Die Übergabe war erfolgt. Die Soldaten mußten antreten. Sie ließen die Laster stehen, wo sie gerade waren. Einige im Park, andere im Gebüsch, in der Wiese. Wer hatte es so schnell erfaßt? Wahrscheinlich die Kinder. In einem Laster war Schokolade, im anderen Zwirn und Nähzeug, hochbegehrt. Flüchtlinge und Einheimische stürzten darüber her. Alles Überflüssige hatten die Soldaten abgeworfen. Auf den Feldwegen häuften sich Stahlhelme, Gurte, Tarnplanen, Behälter, Kisten, Kästen in groteskem Durcheinander. Müll des Krieges. Befehl an das Dorf. Frauen und Kinder sollten die Wege frei räumen. Ich war empört. Es lag noch Munition herum. Bei den Frauen Schreckensschreie. Heulend kamen sie zurück. Neger!! Mit Messern!! Lachend erklärte mir ein Schwarzer, er habe einen Schraubenschlüssel im Mund gehabt, er wollte einen Laster wieder in Gang bringen. Die Soldaten standen herum, sie warteten auf die Gefangennahme. Die wenigen deutschen Männer, die noch auf dem Hof arbeiteten, verbargen sich in ihren Wohnungen. Wie würde die Vergeltung aussehen? Wer hatte die Ostarbeiter, den Russen angezeigt? Wer hatte die zwei amerikanischen Flieger ermordet, die bei uns im Wald verscharrt lagen?

Die Truppe hatte die Landstraßen sozusagen leer gefegt. Alle Flüchtlinge, alle Trecks wurden auf die nächsten Höfe gewiesen. So hatten wir für 500 Flüchtlinge zu sorgen. Wie sollte man sie unterbringen? Wie verpflegen? In der Waschküche standen zwei große Waschkessel. Dort wurde die Suppe gekocht. Woraus? Wahrscheinlich Grütze und Kartoffeln. Die Menschen hatten keine Schüsseln, keine Teller. Sie hielten seltsame Behälter zum Ausfüllen hin. Ein Bidet. Blau-weiß Meißner Porzellan. Einer stand vor mir mit seinem Filzhut. Ich sah ihn an. „Immer rin", sagte er, „der hält dicht". Zerfranste Blechdosen. Einige standen mit leeren Händen vor mir, sie mußten warten, bis die andern gegessen hatten. Im ganzen Dorf war kein Löffel aufzutreiben.

Die Russen kamen zu Streifzügen herüber, auch zu uns den Hof. Die Tochter des Ortsgruppenleiters, unseres Försters, kam atemlos an. Die Russen waren bei ihnen im Forsthaus. Wir starrten uns an. Was würde geschehen? Ich ließ den Einspänner anspannen. Ich mußte hin. Die Männer auf dem Hof wollten mich zurückhalten. André, der Obmann der Franzosen, begleitete mich in seiner funkelnagelneuen Khakiuniform. Wie würden wir ihn, den Ortsgruppenleiter, vorfinden? Ich trieb das Pferd zur Eile an. Da stand er auf dem Waldweg vor uns. Zitternd. Bleich. Ihm war nichts geschehen. Den Russen war nur der Sprit ausgegangen. Sie hatten bei ihm getankt, sogar dafür bezahlt. Einige Uhren hatten sie mitgenommen. Sonst nichts. Er wurde einen Tag später von den Amerikanern abgeholt. Die Franzosen hatten Meldung erstattet, daß er die zwei amerikanischen Flieger hinterrücks erschossen hatte. Die Leichen der Flieger wurden auf einer Lafette eingeholt und nach Schwerin überführt. Auf den Nachbargütern waren alle Besitzer geflohen. Die Polen waren aus ihren Lagern befreit, sie zogen herum und plünderten. Zu uns kamen sie nicht. Warum? fragte ich André. Er wies auf das große V-Zeichen hin, das er an unsere Haustür gemalt hatte. Alle sollten wissen, daß wir zu den Gegnern des Regimes gehört hatten.

„Sorgen Sie dafür, daß die Felder bestellt werden. Es wird eine Hungersnot kommen", hatte mir der amerikanische Offizier gesagt. Wie sollten wir die Kartoffeln in die Erde kriegen? Die Franzosen halfen mir beim Umzug aus dem Haus, auf dem Feld wollten sie nicht mehr arbeiten. Ich ging zum nahen Vorwerk, dem kleinen Nebengut, wo die Baracke der 40 Russen stand. Da hörte ich Schimpfen und Hilferufe. Im Katen neben der Baracke stand ein junger verwilderter deutscher Soldat, Gewehr im Anschlag. Er forderte von der verängstigten Frau in der Küche Speck. „Hau ab", sagte ich. Er legte auf mich an. „Nimm das Ding runter", sagte ich. „Hau ab!" Ich beschwor ihn, schnell zu fliehen, ehe die Russen aus dem Nebenhaus ihn fänden. Er zog ab. Die Russen hatten, so sagte man, drei SS-Männer umgebracht, die ihnen über den Weg gelaufen waren. Ich ging zur Russenbaracke. Der russische Obmann Andreas beschwor mich, fortzugehen. Seine Kameraden schliefen noch, sie wären alle betrunken. Nein, auf dem Feld würden sie nicht mehr helfen. Wahrscheinlich haben dann Flüchtlinge geholfen.

Wir hatten keinen Strom. Der Müller konnte nicht mahlen, der Bäcker nicht backen, der Schlachter nicht schlachten. Die Molkerei stand still. Die Amerikaner halfen mir zu improvisieren. Sie fuhren mich zu einem verlassenen deutschen Gefangenenlager, wo wir so viele Generatoren organisierten, daß Molkerei, Bäcker, Schlachter, Müller wieder arbeiten konnten.

Sie fuhren mich noch einmal in das Lager, wo wir zehn Zelte, zwei Wohnwagen und einen kleinen Wehrmachtfunkanhänger holten; so wurde der Park zu einem Zeltlager. Strahlend schönes Maiwetter. Hitze. Wolken von Schmeißfliegen. Die Amerikaner waren entsetzt: so viel Fliegen! Durchfall. Hohes Fieber. Bald waren wir fast alle krank. Der amerikanische Arzt gab mir von der Wunderdroge, Sulfonamid. So war ich schnell wieder auf den Beinen. Oben im Haus, in einer Rumpelkammer lag eine Frau in den Wehen, unten lag auf dem Küchentisch ein junges Mädchen, dem ein Amerikaner aus Versehen durch die Kehle geschossen hatte. Zwei Flüchtlingskinder hatten Diphtherie. So ging es pausenlos von früh um fünf bis tief in die Nacht. Ich war mit dem Einspänner nach Schwerin gefahren, da hatten sich zwei Männer aus dem KZ in ihren gestreiften Sträflingsanzügen quer über die Straße gestellt und mich angehalten. Sie waren erstaunt, als ich sie mit großer Freude begrüßte und sie gebeten hatte, mit mir zu kommen. So saßen wir unter der großen Linde am Haus auf schönen Renaissance-Faltstühlen und die Dorfbewohner machten große Augen. Vinzenz Kamitz blieb, der andere zog weiter. Kamitz kam aus dem Sudetengau. Bei den Tschechen hatte er gesessen, weil er ein Deutscher war.

Die Deutschen hatten ihn ins KZ gesperrt, weil sie ihm nicht trauten. Er sprach Russisch, so konnte er später im Dorf helfen. Er war nicht fähig, aus dem KZ zu erzählen, es hätte ihn zu sehr erregt.

Kam ich in diesen hektischen Tagen überhaupt zur Besinnung? Erinnere ich mich an den 8. Mai? In keiner Weise. Die Kapitulation ließ mich völlig gleichgültig. Wie sehr hatte ich das Ende herbeigesehnt. Aber – ich war noch nicht „frei". So leicht ließen sich die Schreckgestalten der Vergangenheit nicht abschütteln. Ich war dem Haß wie ausgeliefert. In jedem deutschen Mann, der mir nicht bekannt war, sah ich einen potentiellen Mörder. Mörder des Bruders. Mörder der vielen Juden. Nun kam zu allem noch die Unsicherheit über unser Gebiet. Betrunkene amerikanische Offiziere hatten mich angesprochen: „Fliehen Sie, hierher wird der Russe kommen." Hatten sie gefaselt? Das Ende also noch nicht das „Ende". Den Amerikanern folgten Engländer. Diese stritten alle Gerüchte ab. Ein polnischer Offizier stand eines Tages vor mir, eine rote und eine weiße Rose in der Hand. Verbeugung. Handkuß. „Nehmen Sie diese Rosen", sagte er „als Dank für alles, was Sie für die Polen und für die Gefangenen getan haben, aber, fliehen Sie. Die Russen werden hierher kommen." Ja, ich wollte fort, wenn es soweit war.

Zu der Zeit zog ich in ein Zelt, das im Park am See aufgeschlagen wurde, ich schlief daneben im kleinen Funkanhänger. Das ganze Zelt duftete nach einem großen Blumenstrauß, der in einer Blauweiß Meißner Waschkanne stand. Ein völlig unwirkliches Leben. Die Tage mit Sorgen und Fragen und Aufgaben. Die Abende und Nächte am See. Ein Frühsommer von unvergleichlicher Schönheit. Die untergehende Sonne spiegelte sich im Wasser, das Abendrot glühte in der stillen Schwärze des Wassers nach. Der Ruf des Haubentauchers und das „plop" der Fische, die nach Fliegen schnappten, erklang in der Nacht. In der Frühe badete ich im See. Dann kochte ich mir einen Kaffee über drei Ziegelsteinen. Diese See-Nächte sollten für immer in mich einsinken. Unter den Flüchtlingen große Unruhe. Von allen Seiten wurde ich bedrängt. Sollten sie bleiben? Wir saßen wie in einer Falle. Die Engländer gaben keine Passierscheine. Sie sperrten das Geld auf den Banken. Ich bat Kamitz, für die Menschen im Dorf zu sorgen. Das hat er auch getan. Den Flüchtlingen und den Dorfbewohnern geschah nichts. Ich verschaffte mir einen Passierschein in Wismar. Am Morgen des 29. Juni 1945 passierte ich den Schlagbaum in Lübeck. Ein zweiter Punkt Null? Nein, nur ein finanzieller Engpaß. Am 6. Juli fand ich eine Anstellung als Sekretärin bei dem Offizier für Industrie bei der englischen Militärverwaltung.

ALICE SCHWARZ-GARDOS

Gedämpftes Saitenspiel

Erinnerungen an den 8. Mai 1945

Wie war das damals? Es liegt schon ziemlich tief begraben im Steinbruch der Zeit, viel Geröll und Schutt hat sich seither darüber aufgetürmt, und dicke Spinnweben des Vergessens haben sich inzwischen darüber abgelagert. Andere historische Tage stehen mir viel deutlicher, prägnanter, in viel glühenderen Farben und mit ganz charakteristischen Ereignissen vor Augen: der 29. November 1947, als wir in atemloser Spannung vor dem Radioapparat saßen und der Übertragung aus der Vollversammlung der Vereinten Nationen lauschten, die den Beschluß der Teilung Palästinas annahmen, was dann zur Errichtung des jüdischen Staates führte... Wie wir damals die laut abgegebenen Stimmen zählten: Yes, yes, no, yes, yes... Und als die Mehrheit da war, stürzte man auf die Straße, und ein lauter Jubel brandete hoch, wie ihn das karge, leidgeprüfte, monatelang von Unruhen erschütterte Land schon lange nicht erlebt hatte... Daß dann am nächsten Tag schon der Aufstand der Araber gegen den UNO-Beschluß ausbrechen würde, mit blutigen Überfällen auf die gestern noch ganz freundlich geduldeten jüdischen Nachbarn, konnte man, oder wollte man in jener wild durchtanzten und durchsungenen Freudennacht auf den Straßen und Gassen der jüdischen Städte und Dörfer einfach nicht wissen...

Ein anderer unvergeßlicher Tag war der 14. Mai 1948. Ich stand mit vielen anderen Menschen vor dem Haifaer Rathaus, wir hörten mit angehaltenem Atem die Rundfunkübertragung aus dem Gebäude des Tel-Aviver Museums, wo David Ben-Gurion mit metallisch dröhnender Stimme die Proklamation des Staates Israel verkündete. Die Menschen auf der

Straße vor dem Rathaus weinten... Nicht täglich erlebt man die Verwirklichung eines Traumes nach 2000 Jahren. Am nächsten Tag schon kamen die arabischen Flugzeuge, begann der Invasionsversuch von sechs oder sieben arabischen Armeen, ein Krieg, der erst am 20. Juli 1949, mit der Unterzeichnung des syrisch-israelischen Waffenstillstandsabkommens, des letzten in der Reihe dieser Art Verträge mit den kriegführenden Nachbarstaaten, ein Ende nehmen sollte.

Und dann erinnere ich mich natürlich ungemein lebhaft des Ausbruchs aller Kriege, die ich miterlebte. Der Zweite Weltkrieg brach aus, als wir noch in Prag saßen; wir dachten, nun wären wir verloren, doch wie durch ein Wunder konnten wir noch aus dem von Hitler besetzten Protektorat ausreisen, um mit einem „illegalen Transport" nach abenteuerlicher Vier-Monate-Fahrt über Donau und Schwarzes Meer nach Palästina und in Sicherheit zu gelangen... Den Ausbruch des „Befreiungskrieges" erlebte ich in Haifa, und ebenda den der Sinaikampagne von 1956, als wir eines Morgens vom Meer her die Kanonen dröhnen hörten. Von unseren Fenstern in der Wohnung auf dem Westkarmel sahen wir hinunter auf die glatte See, konnten aber nichts wahrnehmen als das Aufblitzen der Geschosse. Später dann, im Hafen, erlebte ich mit anderen Journalisten die Einfahrt des ägyptischen Kriegsschiffes „Ibrahim El Aual", das die Stadt von der See her anzugreifen versucht hatte, dabei aber von der israelischen Kriegsmarine gekapert worden war.

Zwei Kriege, der Sechs-Tage-Krieg und der Jom-Kippur-Krieg, überrumpelten uns unter dem Maulbeerbaum in unserem idyllischen Garten in Chedera, dem kleinen Städtchen, wo ich seit 1965 lebte. 1967 schrillten die Sirenen los nach langen Tagen der fast unerträglichen Spannung, als man bereits wußte, daß Israel sich aus der würgenden, immer enger werdenden Umschlingung nur durch Waffengewalt würde befreien können, nachdem Präsident Nasser die Meerenge von Tiran gesperrt, die UN-Truppen weggejagt und der Chor der Feinde in den Nachbarstaaten gedroht hatte, uns ins Meer zu jagen. 1973 kam der Überfall als böse Überraschung. Zwar hatte „etwas" in der Luft gelegen, aber als am höchsten Feiertag, Jom Kippur, dem Fast- und Versöhnungstag mit totaler Verkehrsruhe und absoluter Funkstille, plötzlich die Autos durch die in sich versunkenen, verwunschenen Gartengäßchen unserer Vorstadt rasten und die Sirenen unheilverkündend losheulten, da wußten wir, es habe eine nicht nur historische, sondern auch heillose und gefahrvolle Schicksalsstunde geschlagen.

Neben diesen Tagen, die sich unauslöschlich in mein Gedächtnis eingegraben haben, wirkt die Erinnerung an den 8. Mai 1945 etwas blaß; vielleicht weil der Kriegsschauplatz so weit entfernt war; vielleicht auch, weil man „es" schon seit einiger Zeit kommen sah.

Um mein Gedächtnis etwas aufzufrischen, begab ich mich auf den wunderschönen, von Springbrunnengeriesel durchmurmelten, von rotblühenden Bäumen bestandenen Campus der Tel Aviver Universität. In den kühlen, weitläufigen Räumen der Bibliothek, die es „damals" noch überhaupt nicht gegeben hatte, brachte mir eine freundliche, durch absurde Bitten nicht verblüffbare Bibliothekarin Zeitungsausgaben des Jahres 1945: schon vergilbt, mit ungewohnten Typen, längst veralteten Formats und mit geradezu archaisch wirkenden hebräischen Formulierungen. Und dann wurde langsam wieder lebendig, ja fast gegenwärtig, was einst atemberaubendes Erlebnis, Schock des Entsetzens und der Freude, Erleichterung, Siegestrunkenheit, Verzweiflung und Triumph gewesen war.

„Gestern um 12 Uhr mittags verstummten die Kanonen in Europa", meldete der „Hazofe", Organ der Orthodoxie, der heute noch als Blatt der Nationalreligiösen Partei herauskommt. „Churchill verkündet der Welt die deutsche Kapitulation. Dönitz meldet die Auflösung der NSDAP." Der „Dawar", bis heute das Gewerkschaftsblatt, hat sich zu einer Extraausgabe vom halben Format seiner üblichen Größe entschlossen. Die Normalzeitung vom 9. Mai fehlt in dem Band, ebenso die des bürgerlichen „Haaretz". Ich blättere zurück. Auch am 2. Mai eine Extraausgabe des „Dawar": „Lebt Hitler noch?" Und am 4. Mai: Ein Bild von Bergen-Belsen mit einem Berg skelettartiger Leichen.

Und dann bricht sie auf, die alte Wunde. Überwuchert war sie vom Narbengewächs des Vergessens, der Verdrängung. Es gibt Dinge, die man in die Tiefen des Zwischenbewußtseins und der Unterschwelligkeit verbannen muß, wenn man weiterleben will. Wenn man den Verstand bewahren, nicht in Schmerz und Haß versinken, nicht in Scham über das eigene Menschsein untertauchen möchte. Wir hatten es gewußt: die Sache mit den Lagern, die Scheußlichkeit mit den Gaskammern und Krematorien. Schon 1942 hatte ich ein grausiges Foto gesehen: eines Erhängten oder Erdrosselten. Jemand hatte es aus der Hölle Europa mitgebracht. Ich konnte damals nächtelang nicht schlafen. Mehr als die Tatsache des gewaltsamen Todes – den kannte man ja aus Kriegsberichten, aus den Reportagen über das von V-2-Bomben zerstörte Coventry und London, aus den Kriegsfilmen –, mehr also als der nackte Tod durch Menschenhand erschreckte mich der ganz offensichtliche Sadismus, der hier am Werke war. Die letzte, unsagbare Demütigung und Entwürdigung des nackten Opfers.

Und jetzt, zu Kriegsende, ließ sich der Erkenntnis nicht mehr ausweichen: *so* war ein nicht unbeträchtlicher Teil meiner Familie umgekommen. Meine Lieblingstante, wie ich bald erfahren sollte, im elektrisch geladenen Stacheldraht von Auschwitz. Sie war selbst vor der Entwürdigung dorthinein geflüchtet. Am 1. Tag der Einlieferung. Und irgendwo in den Leichenbergen: zwei andere Tanten, zwei Onkel, einige Cousinen und Cousins. Die Großeltern nur wie durch ein Wunder gerettet, doch schon todkrank. Ich sollte sie nicht mehr wiedersehen. Die geliebten Eltern meines späteren Mannes, als Skelette, sogenannte Muselmanen, aus dem Lager befreit, sollten wenige Wochen später sterben. Wir haben nur selten davon gesprochen. Ich glaube, er hat es niemals überwunden.

Am 8. Mai 1945 war der lange Alptraum vorüber. Die Schreckensgerüchte hatten sich als wahr erwiesen. Doch wir

Überlebenden waren jedenfalls gerettet. Das Leben würde für uns weitergehen. Nicht mehr, wie vor der Schlacht von El Alamein im Jahre 1942, mit „Rommel vor den Toren", schwebten wir in ähnlicher Gefahr wie unsere Verwandten unter der Naziherrschaft in Europa. London, so meldete Reuter, bereite sich auf eine riesige Siegesfeier vor. Wie seinerzeit das befreite Paris. Wir hatten es in der Wochenschau im Kino gesehen.

Ja; denn wir gingen ins Kino. Als Paris in alliierte Hände fiel, kam ein Freund zu mir herausgeschwommen, wo ich mich gerade am Strand von Naharia, auf dem Rücken liegend, in den blauen Himmel blinzelnd, von der dümpelnden Dünung leise wiegen ließ. Wir gingen auch tanzen, während unsere Liebsten in Europa schreckliche Tode starben. Manchmal schlechten Gewissens, um dann nachts aus Alpträumen laut schreiend aufzufahren. Doch wir waren jung; wir wollten leben, solange man uns leben ließ – auf unserer verwunschenen Insel, die Palästina zwischen 1942 und 1945, trotz vieler Sorgen und besagten nächtlichen Schrecktraumgesichtern, doch eigentlich war.

Ich arbeitete in einem Büro der britischen Kriegsmarine (Korrespondenz über Stahlplatten und Flaggenlieferungen, Tee um 10.00 und 15.00 Uhr war eine heilige Handlung, man ging auf „Parties" und las die englische „Palestine Post"). Vielleicht habe ich mich wegen dieser Diskrepanz so schwer an den 8. Mai 1945 erinnern können?

Am 8. Mai war der Zweite Weltkrieg zu Ende. Siegesglokken. In Deutschland die Stunde Null. In Palästina würde bald der Kampf um die Zulassung der 100 000 jammervollen Überlebenden des Holocaust beginnen, die auf dem blutbefleckten Boden Europas nicht mehr bleiben konnten oder wollten. Es würde ein schonungsloser Kampf der halben Million Juden in Palästina gegen das Britische Weltreich werden und mit dem Abzug der Briten und der Gründung des Staates Israel enden. Am 8. Mai 1945 war noch nicht davon die Rede. Unser Chef, der „Naval Officer Haifa", lud den Stab, jetzt erinnere ich mich, zwecks Feier des Sieges zu einer kleinen Party ein.

Und wir erfuhren auch, welch wichtige Aufgaben Haifa, „als britische Hafenstadt", noch einst erfüllen würde.

Im Nationaltheater, der „Habima", spielte man Racines „Phädra". Im Kino gab es einen offenbar als Propaganda aufgezogenen Kriegsfilm, „Die Herrenrasse". Doch in der Volksoper spielte man Schubert. Die örtliche Zigarettenfabrik „Maspero" empfahl ihre Erzeugnisse mit einer großen, Davidstern-geschmückten Siegesfahne per Zeitungsinserat. Im Boulevardtheater „Ohel" gab es „Der brave Soldat Schwejk" auf Hebräisch. „Göring, Göring, wo sind deine Orden?" fragte eine Schlagzeile in einer Boulevardzeitung.

In europäischen KZ-Lagern setzte sich eine Menschenlawine in Richtung Palästina in Bewegung. In Palästina träumten einige unverbesserliche Europäer von der Rückkehr in die böse und doch so sehr geliebte alte Heimat. Ein schlimmes Witzwort behauptete: „Das erste Schiff zurück wird wegen Überfüllung untergehen." Manche haben es versucht und sind „heimgekehrt" und „drüben" geblieben; andere wieder sind nach Israel heimgekehrt.

Ich hatte stets gewußt, daß ich nicht mehr zurückkonnte. Und doch hatte ich mir eines als „tragbare Zweitheimat" stets vorbehalten: die deutsche Sprache.

In den Büropausen im britischen Amt schrieb ich deutsche Kurzgeschichten und Gedichte, zu einer Zeit, da die „Hitlersprache" weitgehend verpönt und nur in „unseren Cafés" die lingua franca war. Die Manuskripte, für die es keinen Absatz gab – erst drei Jahre später wurde ich Haifaer Korrespondentin „unserer" deutschsprachigen Zeitung –, sandte ich an Max Brod, den ich noch aus Prag kannte. Und an Arnold Zweig. Der mich daraufhin oft zum Tee einlud. Und zu meinem ersten Novellenband ein Vorwort schrieb.

„Es gehört Mut und Charakter dazu, sich heute noch immer zum deutschen Schriftsteller auszubilden", heißt es darin, mit einem Hinweis auf das, was 1945 zu Ende gegangen war. „Selbst die grausigsten Untaten werden bald Geschichte; aber das Leben einer Sprache ist selbst eine zeugende Macht, geschwängert von Dankbarkeit und Liebe."

Es folgt so manches lobende Wort, das nicht hierhergehört. Doch wenn ich mir überlege, was ich am 8. Mai 1945 in Haifa empfunden habe, dann scheinen es mir die Schlußworte von Arnold Zweigs Vorwort zu meinen fünf bescheidenen Geschichten vollendet auszudrücken: „Wer viele Freunde verloren hat, ... der jedenfalls freut sich, einem Talent wie diesem den Weg ebnen zu können, und der Leserschaft ein Buch zu unterbreiten, das diejenigen, die künstlerische Qualitäten suchen, gewiß nicht enttäuschen wird.

Und mehr sollte man billigerweise von den jungen Menschen nicht verlangen, die eine Sintflut von Blut um ihre Arche steigen und fallen sahen und sich, ins Freie tretend, ins Haar fassen, staunend, daß sie's überstanden haben – daß sie noch leben."

PAUL WILHELM WENGER

...ohne Heeresdienstvorschrift

Den Tag der militärischen Kapitulation und des ersehnten Endes des „Dritten Reiches" erlebte ich in meinem Elternhaus in Rottenburg am Neckar bei dünnem Bohnenkaffee und einem von meiner Mutter gebackenen Apfelkuchen.

Die gemeinsame Freude über das Ende des Krieges und der braunen Pest war jedoch getrübt durch die Ungewißheit über das Schicksal meines Bruders, von dem kurz zuvor das letzte Lebenszeichen aus Rumänien gekommen war.

Die Gespräche am Nachmittag des 8. Mai 1945 kreisten um die Einzelheiten der „Operation Heimat", durch welche es mir gelungen war, vierzehn Tage vor der Kapitulation aus der sinnlosen Verlängerung des längst verlorenen Kriegs auszusteigen, ohne dabei in Gefangenschaft zu geraten.

Dieses Unternehmen gehörte zu den gefährlichsten Operationen der auferlegten fünfjährigen Soldatenzeit, die für mich schon im Juni 1939 begonnen hatte, weil mir 1937 durch einen Ukas des Reichsjustizministers eröffnet worden war, daß ich zum Justizreferendarexamen nur zugelassen werden könne, wenn ich mich zu sechs Monaten freiwilligem Wehrdienst verpflichtete.

Zur zweiten „zwangsfreiwilligen" Wehrübung war ich im Juni 1939 bei den Ulmer Pionieren angetreten und dann wegen der Polen-Krise nicht mehr entlassen worden. Der politische Grund für diese verordnete Militärdienstzeit lag fünf Jahre zurück: 1932 hatte ich im Tübinger Asta eine Abwehrallianz gegen die Harzburger Front organisiert, und 1933 war ich vom „Reichsdichter" Gerhard Schumann, dem Führer der Tübinger SA-Hochschul-Standarte, als politisch unzuverlässige „Intelligenzbestie" abgestempelt und ins politische

Abseits verwiesen worden. Der mit körperlicher Schwerarbeit verbundene Wehrdienst bei den Pionieren wurde von der Partei als Sühne verordnet.

Diese Vorgeschichte beflügelte am Ende des Krieges meine Absicht, nicht auch noch durch lange Gefangenschaft für das verhaßte braune Regime nachbüßen zu müssen, und ich hatte beim Zerfallen der geschlagenen deutschen Armee das große Glück, nach dem Rückzug vom Rhein auf der Schwäbischen Alb ganz in der Nähe der Heimat anzukommen.

Schon am Rhein hatte sich Anfang April die Groteske der Kriegsverlängerung ins Absurde gesteigert: Die Westwall-Bunker auf der rechten Rheinseite, in denen ich mit meiner Kompanie bis zum bitteren Ende kämpfen sollte, waren an Karlsruher Firmen vermietet worden und mit deren Akten vollgestopft. Die Verpflegungspackungen waren mit Sand gefüllt, für die tschechischen Maschinengewehre war keine passende Munition vorhanden, und als die Firmen-Akten im Rhein gelandet waren, kam der Befehl, die Bunker zu räumen, weil sie den feindlichen Artilleriegeschossen nicht standhalten würden. Mitten in diese doppelte Räum-Aktion war ein aus der Schlacht in der Pfalz versprengter Oberstleutnant geraten, dem ich Meldung machen mußte. Er blitzte mich mit vorgehaltener Pistole an, weil er zunächst nicht glauben wollte, was ich ihm über den Zustand der Bunker-Linie gemeldet hatte...

Beim Rückzug vom Rhein hatte mein Bataillon entgegen dem Befehl Himmlers, alle Dörfer in Festungen zu verwandeln, Straßensperren nur mehr zwischen den Siedlungen errichtet, und nach dem Überschreiten des Neckars bei Reutlingen hatte ich in der zweiten Aprilhälfte bei der letzten Stabsbesprechung meinem aus Ulm stammenden Kommandeur angekündigt, daß ich auf keinen Fall die Donau in Richtung Bodensee überschreiten würde, weil sonst die Gefangenschaft unvermeidlich werde. Damit begann das Abenteuer privater Kriegsliquidierung, für die es keine Heeresdienstvorschrift gab.

Ich landete mit meiner Kompanie über den steilen Uracher

Albaufstieg im Hof des Gestüts Offenhausen und wollte erkunden, ob die in der Nähe liegenden Höhlen frei seien, um dort die Soldaten noch einige Tage ausruhen zu lassen, bevor sie versuchen sollten, sich in ihre Heimatorte durchzuschlagen. Aber zur Erkundung der Höhlen kam es nicht, denn plötzlich tauchte der Adjutant eines im Gutshof einquartierten Obersten auf, der, weil ohne Truppe, sich sofort meine Kompanie unterstellte. Er ließ mich kommen und gab mir den Befehl, zum Gegenstoß auf das bereits von französischen Truppen eingenommene Reutlingen anzutreten. Ich nahm den hirnrissigen Befehl mit der Bitte an, vor dem Angriff meine Soldaten noch ausruhen zu lassen, und brütete dann darüber nach, wie ich dem Kommando des Obersten entrinnen könne. Ich meldete mich nach einer halben Stunde wieder und teilte ihm mit, ich hätte soeben den Befehl meines Bataillonskommandeurs erhalten, sofort in Richtung Riedlingen aufzubrechen und die dortige Donaubrücke zu sprengen. Daraufhin entließ mich der Oberst aus seinem Kommando, und im Hinausgehen hörte ich unter der Türe seinen Adjutanten sagen: „Gott sei Dank, den wären wir wieder los!" Offensichtlich hatte der Oberst in mir jenen endsiegbesessenen Irren vermutet, den er vor mir selbst mit dem Befehl, Reutlingen zurückzuerobern, gespielt hatte.

Nach diesem grotesken Zwischenspiel rückte ich noch in der Nacht aus Offenhausen in Richtung Riedlingen ab. Aber mitten in Buttenhausen – dem Geburtsort des ehemaligen Reichsfinanzministers Matthias Erzberger – gab ich den Befehl, die Hauptstraße zu verlassen und nach rechts über einen steilen Feldweg auf die Albhöhen abzubiegen. Wir landeten in einem Wald: Dort ließ ich aus dem bereitliegenden Stammholz kleine Hütten bauen, um von hier aus die Männer nach einigen Ruhetagen in die Heimat zu entlassen. Die Pferde übergab ich den Bauern im nächstgelegenen Dorf. Zur Sicherung gegen endsiegbesessene und exekutionslüsterne Feldjäger stellte ich Wachen aus, die notfalls melden sollten, die Kompanie im Wald habe den Befehl, aus dem Hinterhalt heraus den französischen Nachschub zu stören.

Am dritten Ruhetag knatterten plötzlich Maschinengewehre, und es blieb nur noch die Chance, von Busch zu Busch in Deckung zu gehen, um über Wiesen hinweg das nächste Waldstück zu erreichen. Dort lag ich dann mit meinem Feldwebel keuchend unter den dichten Bodenzweigen einer mächtigen Tanne, und wir beschlossen, die Nacht abzuwarten und dann, alle Ortschaften umgehend, die Flucht in Richtung Rottenburg zu versuchen, das in der Luftlinie einen Tagesmarsch entfernt lag.

Nach einer halben Stunde drang aus dem Tal Motorenlärm und Kommandogetöse, und alsbald ertönte ein Lautsprecher mit der Aufforderung, aus dem Wald herauszukommen und sich der französischen Armee zu ergeben, denn nach einer Viertelstunde werde der Wald ohne Erbarmen durchkämmt werden. Mein Feldwebel hatte ein weißes Handtuch eingesteckt, um notfalls rechtzeitig die Übergabe signalisieren zu können. Ich beredete ihn, mit mir abzuwarten und die weitere Flucht zu versuchen, indem ich ihm versprach, ihn nach Hause mitzunehmen, denn er stammte aus Lauf bei Fürth.

Das angekündigte Durchkämmen des Waldes ließ nicht lange auf sich warten. Wir hörten Schüsse, die näherkamen. Dann stießen je fünf Meter rechts und links von der uns bergenden Tanne zwei Marokkaner, immer wieder vor sich herfeuernd, an uns vorbei, ohne uns zu entdecken, und mein Herz schlug mir so laut bis zum Hals, daß ich fürchtete, das Pochen würde uns verraten. Mein Feldwebel hatte sein Handtuch schon halb herausgezogen, als ich ihn mit den Augen anflehte, in der Deckung zu bleiben.

Wir warteten die Nacht ab und gingen dann über Stock und Stein bergauf, talab, uns an den Sternen orientierend, nach Norden, verbargen uns tagsüber in Feldscheunen und erreichten schließlich nach drei Nachtmärschen, alle Ortschaften sorgfältig umgehend, meine Heimat Rottenburg am Neckar.

Dort pochte ich um Mitternacht ans Fenster. Meine Mutter kam heraus – ich war endlich daheim. Aber mein Zimmer im Dachstock war von einem französischen Arbeiter belegt, der inzwischen zum Hilfspolizisten avanciert war. Wir mußten uns daher zwei Nächte im Schlafzimmer meiner Eltern verstecken. Aber am dritten Tag kam der Franzose mit einer Ente nach Haus und übergab sie meiner Mutter als Festmahl für meine Heimkehr. Er deckte mich auch bei der Nichtbeachtung jenes Besatzungsbefehls, der allen ehemaligen Soldaten unter Androhung des Todes auferlegte, sich zu melden, damit noch nach Kriegsende möglichst viele Gefangene gemacht werden konnten.

Mein Schutzengel war ein Freund, mit dem ich beim letzten Urlaub im Januar 1945 darüber gesprochen hatte, daß er beim bevorstehenden Zusammenbruch durch rechtzeitiges Handeln die Zerstörung Rottenburgs verhindern solle. Er entwaffnete dann in der Tat auch den NSDAP-Ortsgruppenleiter und übernahm die Beratung der Ortskommandantur in den ersten Wochen, um vor allem diejenigen vor Übergriffen zu schützen, die wie er den braunen Wahnideen widerstanden hatten. Er war Finanzbeamter im bischöflichen Ordinariat und Schwerkriegsverletzter aus den Schlammschlachten um Verdun im Ersten Weltkrieg.

Einige Tage nach meiner Heimkehr stellte die über uns wohnende NS-Frauenschaftsführerin meine Mutter im Treppenhaus und sagte ihr, sie solle sich schämen, weil ich mich der Gefangenschaft entzogen hätte. Ihr Sohn werde nicht kapitulieren, sondern für den Führer sterben. Er kam dann einige Wochen später mit einem nagelneuen Leiterwägele in Tiroler Montur zu Fuß aus den Alpen an ...

Die Gespräche am elterlichen Kaffeetisch des 8. Mai drehten sich jedoch nicht nur um die Details der geglückten Heimkehr aus den Wirren der letzten Kriegswochen, sondern sie galten auch der Hoffnung auf Frieden und baldige Rückkehr des Bruders. (Er war Stabsarzt und wurde, wie er später berichtete, von den Russen zweimal von Transportzügen wieder heruntergeholt, weil er sich weigerte, sich als Arzt für die Sowjetzone zu verpflichten. Deshalb wurde er, obwohl er nie geschossen, sondern an den Fronten Hilfe auch an die Zivilbevölkerung geleistet hatte, zu fünfundzwanzig Jahren

Lagerhaft verurteilt und kehrte erst 1953 weißhaarig und vorzeitig gealtert in die Heimat zurück.)

In die Erwartung, daß die Siegermächte nach der Ausrottung des Nationalsozialismus erträglich regieren und eine lange Friedensperiode heraufführen würden, war auch Sowjetrußland einbezogen.

Daß das total besiegte und zerstörte Deutschland als souveräner Staat weiterbestehen würde, schien in diesen Tagen und auch noch in den nächsten Monaten jenseits aller Realität: Als die Bürger Rottenburgs auf den Marktplatz befohlen wurden, um bei der feierlichen Hissung der französischen Trikolore zu assistieren, waren viele der Meinung, sie seien jetzt eben als Folge der Exzesse Hitlers Untertanen Frankreichs geworden. Das Bewußtsein der nationalen Kontinuität setzte erst Monate später ein.

BERNHARD WELTE

Ende und Neubeginn

Erinnerungen an den April 1945

Ich erlebte das Kriegsende in Freiburg. Ich war damals Sekretär des Erzbischofs Gröber. Wir wohnten provisorisch in dem nicht zerstörten Teil des Ordinariatsgebäudes in der Straße, die jetzt Schoferstraße genannt wird, inmitten einer zerstörten Stadt.

Das Ende der Schrecken der Nazizeit und des Krieges kam für uns am 21. April 1945, als die französischen Truppen in die Stadt Freiburg einrückten.

Für unser Gefühl kamen sie viel zu spät. Fast alle Leute hatten damit gerechnet, auch wir, daß sie wesentlich früher kämen, vielleicht vier Wochen früher. Und dann kamen sie nicht und kamen sie nicht. Ein guter Freund von mir hatte einen damals etwa 17jährigen Sohn. Er hatte gerade den Stellungsbefehl erhalten. Er mußte also einrücken zur Deutschen Wehrmacht. Sollten wir ihm raten zu gehen oder nicht zu gehen? Beides war lebensgefährlich. Nicht zu gehen war Wehrdienstverweigerung, die mit dem Tod bestraft wurde. Zu gehen aber hieß: Sich in die letzten verlorenen Kämpfe des Krieges zu stürzen, was auch den Tod bedeutete. Diese kleine Szene illustriert unsere Ungeduld.

Wir rieten dem jungen Mann dann, zwar den Zug in der Richtung seines Gestellungsbefehls zu nehmen, aber die Reise hinauszuziehen. Das war ja damals gut zu begründen, wo viele Bahnhöfe zerstört waren. Er solle versuchen, unterwegs einfach irgendwie hängenzubleiben, bis endlich die Franzosen einrückten. Das Experiment war gefährlich, aber es gelang schließlich.

Am 21. April 1945, am Nachmittag, war es dann soweit. Die französischen Granaten pfiffen vom Norden her durch die Straßen der Stadt. Wir waren im Keller, unserem so häufigen Aufenthalt seit vielen Wochen bei Tag und bei Nacht. Aber der Erzbischof, der keine Furcht kannte, wollte an diesem Nachmittag unbedingt auf die Straße gehen. Ich suchte den gewaltigen Mann mit aller Energie daran zu hindern, denn dies war ja nun wirklich an diesem Nachmittag tollkühn. Und so kam er dann schließlich zu uns in den Keller.

Und dann tauchten französische Soldaten auf, in der Herrenstraße, in der Konviktstraße, überall. Endlich war es soweit. Das war die weltgeschichtliche Wende für uns Freiburger. Sie kam in banaler Form in unsere Ecke. Wir hatten ja auch keine Zeit, weltgeschichtliche Betrachtungen anzustellen, dafür gab es viel zuviel zu tun in der nächsten Nähe, vor unserer Nase, und viel elementarere Probleme. Aber niemand, der es nicht erlebt hat, wird nachempfinden können, was es in der darauffolgenden Nacht für uns bedeutete, ruhig zu Bett gehen zu können. Das war schon sehr lange nicht mehr der Fall gewesen. Denn immer hatten uns, seit vielen Wochen und seit vielen Monaten, die nächtlichen Alarme aufgeschreckt, die Flugzeuge, die Bomben. Immer waren wir große Teile der Nacht, und manchmal die ganze Nacht hindurch, im Keller. Und nun konnten wir auf einmal uns ruhig zur Ruhe legen vom Abend bis zum Morgen. So still kam die neue Zeit, die neue Welt.

Am nächsten Tag hat der Erzbischof, schnellentschlossen wie er immer war, sofort Beziehungen angeknüpft zur französischen Kommandantur. Diese war damals in einem schnell beschlagnahmten Gasthof am Münsterplatz. Daß der Erzbischof dort erschien und dort sofort eine positive Beziehung anknüpfte, zeigte, daß dieser Mann die einzige Autorität auf deutscher Seite war, die an diesem Tag und an den folgenden Tagen in Freiburg noch etwas galt. Viele andere Autoritäten waren wie ein Spuk verschwunden.

In den folgenden Tagen ging es uns dann aber mehr und mehr unter die Haut, was es bedeutete, daß ein totales Herrschaftssystem von einer Stunde zur anderen verschwunden war und daß das neue sich noch nicht etabliert hatte. Es begann damit, daß wir merkten, daß in einem Vakuum an Macht auf einmal auch der Eigentumsbegriff und der Begriff der persönlichen Ehre und viele ähnliche zu Boden fallen. Es gab also viele Enttäuschungen. Natürlich hatten wir die französischen Soldaten als Befreier begrüßt. Aber dann zeigte sich schnell, daß auch sie keine Engel waren. Sie waren ja auch arm und ausgehungert. Und etwas wie ein Recht gab es in dieser Stunde und in diesen Tagen nur für den Sieger.

Also nahmen sie den Leuten weg, was sie nehmen und brauchen konnten. Und sie merkten anscheinend gar nicht, daß wir dies als Diebstahl empfanden. Hätten sie es gemerkt, dann hätten sie nicht bald darauf ein kleines Theaterstück zur Aufführung gebracht mit dem französischen Titel: „La danse des voleurs", „Der Tanz der Diebe". Ja, für uns war es wirklich ein Tanz der Diebe. Die Soldaten haben auch das getan, was offenbar siegreiche Soldaten immer tun, sie haben nämlich die Mädchen und Frauen als Freiwild behandelt. Als der Erzbischof einmal den französischen General daraufhin ansprach, sagte dieser: „Il faut garder les pules, quand le loup est parti. – Man muß die Hühner hüten, wenn der Wolf unterwegs ist." Das war damals die französische Art, solche Dinge zu behandeln. Es scheint, daß die französischen Offiziere den Soldaten ein paar Wochen freigaben, zu tun was sie wollten, ehe dann langsam die Zügel der Ordnung wieder angezogen wurden.

Und dann wurde aufgrund der Beschlagnahmung von Lebensmitteln und vielem anderen das Leben zunächst noch härter, und der Hunger nahm nicht ab. Und es gab die Entnazifizierungsverfahren und in ihrem Gefolge wiederum Konzentrationslager. Viele wirklich Schuldige kamen da hinein, aber – wie es zu gehen pflegt – auch viele wirklich Unschuldige. Und ich will nicht davon sprechen, was in den Kellern des Deuxième bureau, der französischen Geheimpolizei, vor sich ging. Es war nicht schön.

Und so fragten wir uns mit Schrecken: Kommt jetzt nicht

doch alles noch einmal, was wir geglaubt hatten endlich überstanden zu haben? Wir hatten die französischen Truppen wirklich als eine Art „Engel der Befreiung" herbeigesehnt. Und dann stellte sich die Realität heraus: Auch diese jungen Männer waren ausgehungert, zermürbt von langen und erbitterten Kämpfen, von vielen Toten und Todesgefahren, die sie überlebt hatten, und dies gegen einen gehaßten Feind. Und als diese ungeheure Spannung dann plötzlich von ihnen wich, explodierten sozusagen die elementarsten menschlichen Regungen. Damit hatten wir freilich nicht gerechnet, aber wir lernten es dann schnell.

Gewiß ging vieles nach der alten Regel: Aug um Aug, Zahn um Zahn. Gewiß erinnerten manche neuen Schrecken an die alten Schrecken. Aber etwas Entscheidendes war nun doch anders geworden. Diese neuen Schrecken mäßigten sich mit der Zeit, während die alten Schrecken mit der Zeit immer weiter gewachsen waren.

Und dann gab es da noch etwas anderes. Das französische Militär war zwar arm und auch verbittert, aber sie hatten einen großen kulturellen Reichtum mitgebracht, und dies zeigte sich bald. Ich vergesse nie die erste Kunstausstellung der Franzosen in einem beschlagnahmten Haus in der Kaiserstraße in Freiburg. Da sah ich wirklich zum ersten Mal leibhaftige Bilder von Picasso, von Léger, von Rouault und vielen anderen. Und da ging mir und meinen Freunden eine neue Welt auf. Ich fand in einer französischen Buchhandlung in jenen Tagen ein kleines Büchlein von einem gewissen Herrn Henri de Lubac. Ich las den Namen zum ersten Mal. Das Büchlein hieß: „De la connaissance de Dieu", von der Erkenntnis Gottes. Ich las es in den darauffolgenden Tagen mit brennendem Herzen. Da ging mir noch einmal eine neue Welt auf. Ich traf bald bei meinen Freunden die Repräsentanten der sogenannten théologie nouvelle, vor allem den unvergeßlichen Père Maythieu, der sogleich Kontakte zu uns geschlagenen und gedemütigten Deutschen suchte. In diesem und in manchem anderen zeigte sich der Reichtum des armen und vom Krieg verwüsteten Frankreich. Und dies machte uns glücklich und auch reich, zwar nicht äußerlich, aber geistig. Es gingen Türen auf.

Ich darf in diesem Zusammenhang nicht vergessen zu erzählen, daß ich die Schrecken des Krieges und namentlich des Kriegsendes und die verwirrende Situation des Neuanfangs kaum hätte bestehen können, ohne jenen Freundeskreis, der sich zumeist im Hause von Karl Färber in der Scheffelstraße traf. Dort lasen wir an den Abenden und Nächten inmitten der Schrecken philosophische Texte. Wir lasen Heidegger, Karl Jaspers und Nietzsche und Kierkegaard, aber auch einige Texte von Thomas von Aquin und von Platon und viele andere. Wir wollten uns, angesichts des ungeheuren Zusammenbruchs und der sich abzeichnenden Neuaufgabe einer neuen Zukunft, des besten Erbes der abendländischen Tradition neu versichern und sie uns neu aneignen.

Wir lasen bisweilen auch Dichter, aktuelle oder antike.

Und da kamen wir einmal an den Anfang des dritten Buches der Äneis von Vergil, dem größten der antiken römischen Dichter. Und wir erkannten bei dieser Lektüre plötzlich, daß dieses zweitausend Jahre alte Gedicht in dieser Stunde brandaktuell war und unsere Situation genau deutete.

Da lasen wir: „Es ist gefallen das stolze Ilion, und das ganze neptunische Troja liegt rauchend am Boden." Und wir verstanden: Das einst so stolze Deutschland ist gefallen und liegt wirklich rauchend am Boden, man konnte es sehen.

Aber diese Bemerkung ist in dem Gedicht eben nicht das Ende, sondern ein neuer Anfang. Und gerade dies erschütterte uns und traf uns zutiefst. In dem Gedicht liest man weiter: Die Flüchtlinge aus dem verbrannten Troja fliehen auf Schiffen, „incerti quo fata ferant, ubi sistere detur; ungewiß, wohin die Weisungen trügen und wo ein Weilen sich schenke."

Unser Land und jedes Haus in unserer Stadt war voll von Flüchtlingen, zumeist aus dem eigenen Land, aus der eigenen Stadt, den zerstörten Wohnungen. Und erst später kam dann das Millionenheer der Flüchtlinge aus den ehemals deutschen Ostgebieten. Und auch sie, wie eigentlich wir alle, waren ungewiß, wohin das Schicksal uns weise, wie jene alten Flüchtlinge aus Troja.

Dann heißt es aber weiter in dem Gedicht:
„Vix prima inceperat astas
et pater Anchises dare fatis vela jubebat.
Kaum hatte der erste Sommer begonnen,
da gebot der Vater Anchises, dem Schicksal die Segel preiszugeben."

Der erste Sommer, von dem dieses Gedicht spricht, war bei uns der erste Frühling eines neuen Beginns nach der großen Zerstörung. Und auch uns waren einige alte weise Männer geblieben. Für uns war es vor allem Karl Färber, in dessen Haus wir dieses Gedicht lasen. Und sie mahnten uns zu dem großen Glauben: Gebt dem Schicksal, d. h. dem, was euch von geheimnisvoller Hand geschickt wird, die Segel frei für die Fahrt in die noch ungewisse Zukunft.

In dem Gedicht gibt es dann in der nächsten Zeile, wie damals für uns noch einmal, aber nur einmal, einen erschütternden Rückblick:
„Litora cum patriae lacrimans portusque relinquo
et campos ubi Troia fuit."
Die Segel zur Fahrt in die noch ungewisse Zukunft blähten sich schon,
„indes ich weinend die heimischen Küsten und Häfen verlasse
und die Gefilde, die einmal Troja waren".

Wir kannten diese Art von Tränen und diese Weise des Zurückblickens und des Zurücklassens dessen, was war und nicht mehr ist. Aber wir glaubten und hofften, daß uns eine neue Stunde und eine neue und bessere Heimat gewährt würde, wenn wir sie auch noch nicht kannten.

So versuchten wir, über die Tränen dieses Rückblicks hinweg, doch nach vorne zu schauen in die Zukunft. Und mit dieser Absicht lasen wir dann noch zwei Zeilen weiter:
„Feror exul in altum
cum sociis, genatoque, penatibus et magnis diis."
„Flüchtig treib' ich ins Weite,

mit den Genossen, dem Kind, den Penaten und großen Göttern."

Die Flüchtlinge – das waren wir ja alle in irgendeinem Sinn – hatten also Geleit in der Stunde, in der alles, was war, verloren ist und alles, was kommt, dunkel.

Auch wir hatten Freunde und Genossen des Geistes, der uns bewegte, und sie stärkten unser Vertrauen. Und wir spürten eine neue Jugend auf uns zukommen, die neu wird anfangen müssen und die uns mit wachsenden Hoffnungen winkte, damit wir sie nicht enttäuschten. Und auch wir hatten die Penaten, d.h. die Hausgötter des abendländischen Denkens und Dichtens mit uns, deren wir uns neu versichert hatten in den Schrecken des Kriegsendes. Und wir spürten ganz neu und mehr als alles die große dunkle Hand Gottes über uns und über unserer Welt. Es war für uns der Gott und Vater unseres Herrn Jesus Christus.

In diesem Geleit begannen wir die neue Zukunft zu wagen. Heute müssen wir fragen: Ist das Wagnis bestanden?

Notizen über die Autoren

THOMAS URBAN, geboren 1909 am Unterlauf der Tauber, nicht weit von ihrer Einmündung in den Main. Seine Wandervogel-Zeit konnte er, wie auch die Glosse über seine „Kunststoff-Allergie" zeigt, nie vergessen. Das Studium der Geschichte ließ ihm freilich wie die Romantik so auch die Nach-Romantik seiner Jugendjahre zum Gegen-Stand werden. Neben verstreuten kleinen Veröffentlichungen erschien 1957 „Herders Kleine Weltgeschichte" in der Herderbücherei. Da der Name ein Pseudonym ist, ist diese Vita „Dichtung und Wahrheit". Urban nennt er sich, weil er gerne liberaler Bürger sein möchte, und Thomas, weil ihn der historische Zweifel plagt. Er wohnt in einer hochwaldnahen Vorstadt.

CONRAD AHLERS, geboren am 8. November 1922 in Hamburg; evangelisch; verheiratet, drei Kinder. Abitur 1941 im Heinrich-Hertz-Gymnasium. Kriegsdienst bis 1945; Major d. R. der Bundeswehr; Studium an der Universität Hamburg; Redakteur bei verschiedenen Zeitungen, zuletzt stellvertretender Chefredakteur des „Spiegel". Von 1966 bis 1972 im Presse- und Informationsamt der Bundesregierung, seit 1969 als Staatssekretär. Seit 1972 Mitglied des Deutschen Bundestages. Ab 1. März 1980 Intendant der Deutschen Welle. Gestorben am 18. Dezember 1980.

DR. WALTER DIRKS, geboren 1901 in Dortmund-Hörde, studierte in Paderborn, Münster, Frankfurt und Gießen Theologie und Soziologie. Von 1924 bis 1934 war er Kulturschriftleiter der „linkskatholischen" Rhein-Mainischen Volkszeitung (1933 Schutzhaft); von 1935 bis 1943 im Feuilleton der alten Frankfurter Zeitung (1943 Schreibverbot). 1946 begründeten Eugen Kogon und er die „Frankfurter Hefte". Von 1956 bis 1967 war er Leiter der Hauptabteilung Kultur beim Westdeutschen Rundfunk.
Dr. theol. h. c.; von der Regierung des Landes Nordrhein-Westfalen zum Professor ernannt. Kulturpreis des DGB; Großes Bundesverdienstkreuz; Wilhelm-Leuschner-Medaille. Lebt seit seiner Pensionierung als freier Schriftsteller in Wittnau bei Freiburg.

Buchveröffentlichungen: Erbe und Aufgabe, 1931; die Zweite Republik, 1947; Die Antwort der Mönche, 1952; Bilder und Bildnisse, Christi Passion, 1956; Das schmutzige Geschäft – Die Politik und die Verantwortung der Christen, 1965; Geschäftsführung ohne Auftrag, 1967; Unser Vater und das Vaterunser, 1973; Weihnachts-Konsequenzen, 1974; Alter Wörter, 1976; Das Vertraute und das Vertrauen, 1979.

INGEBORG DREWITZ, 1923 in Berlin geboren, begann ihre schriftstellerische Laufbahn nach dem 2. Weltkrieg. Sie hat Dramen, Hörspiele, Filme veröffentlicht, Biographien, Essays und Romane vorgelegt. U. a. „Bettine von Arnim – Romantik Revolution Utopie" 1969, „Wer verteidigt Katrin Lambert?" 1974, „Das Hochhaus" 1975, „Gestern war heute – hundert Jahre Gegenwart" 1978. Sie ist Mitbegründerin des VS in der IG Druck u. Papier und Vizepräsidentin des PEN-Zentrums der Bundesrepublik Deutschland. Sie ist auch Mutter dreier Töchter.

LISELOTTE FUNCKE, geboren 1918 in Hagen. Reformrealgymnasium, 1937 Reifeprüfung. Arbeitsdienst. Kaufmannsschule Dortmund, kaufmännisches Praktikum. Studium der Betriebswirtschaftslehre in Berlin; 1941 Diplomkaufmann. Bis 1969 Abteilungsleiter, Prokurist der Firma Funke & Hueck, Hagen. 1946 Mitglied der F.D.P. Seit 1977 stellvertretende Bundesvorsitzende der F.D.P. 1950–1961 Mitglied des Landtages Nordrhein-Westfalen. Mitglied des Bundestages 1961–1979. Vizepräsident des Deutschen Bundestages 1969–1979. 1979 bis Juni 1980 Minister für Wirtschaft, Mittelstand und Verkehr in Nordrhein-Westfalen. Mitglied der Synode der Evang. Kirche in Deutschland seit 1970.

FRIEDRICH HEER, Dr. phil., geboren 1916 in Wien, sechs Jahre lang Soldat, seit 1962 a.o. Professor für Geistesgeschichte des Abendlandes an der Universität Wien. Ausgezeichnet mit dem Großen Österreichischen Staatspreis. Wichtigste Veröffentlichungen: „Der Aufgang Europas", „Grundlagen der europäischen Demokratie der Neuzeit" (UNESCO-Preis), „Das Heilige Römische Reich", „Das Wagnis der schöpferischen Vernunft". Mitglied des österreichischen PEN-Clubs.

WALTER HILDEBRANDT, Dr. phil., geboren 1912 in Leipzig, ist o. Prof. für Soziologie an der Universität Bielefeld, Vorsitzender des Gesamteuropäischen Studienwerkes e. V., Vlotho (Weser), und Mitherausgeber der Zeitschrift „Deutsche Studien". Der Ost-Akademie in Lüneburg gehört er als Vizepräsident an, der Stiftung „Die Mitarbeit" als Kuratoriumsmitglied. Nach seinem Studium in Soziologie, Geschichte und

Wirtschaftswissenschaften an den Universitäten Leipzig, Königsberg, Prag und Wien war H. in vielfältigen Funktionen vor allem in der Auslandsforschung tätig. Wichtigste Veröffentlichungen: Die Sowjetunion – Macht und Krise (1956), Siegt Asien in Asien? (1966), Das nachliberale Zeitalter (1973). Ständiger Mitarbeiter der Herderbücherei *Initiative*.

IRMA HILDEBRANDT (geb. Bucher), ist Schweizerin, Jahrgang 1935. Sie wuchs in Luzern auf, machte dort Lehrerexamen und studierte in Zürich Germanistik und Romanistik. Durch Heirat kam sie nach Deutschland. Nachdem die vier Kinder „aus dem Gröbsten heraus" waren, ging sie für sieben Jahre in den Schuldienst und nahm dann wieder ein Studium in Bielefeld auf. Sie ist heute in der Außerschulischen Bildung tätig und befaßt sich insbesondere mit der Theaterarbeit an einer Jugendkunstschule. 1980 veröffentlichte sie in der Herderbücherei den Band „Warum schreiben Frauen? – Befreiungsnotstand, Rollenhader, Emanzipation im Spiegel der modernen Literatur".

DR. RICHARD JAEGER, geboren 1913 in Berlin-Schöneberg; katholisch; verheiratet, sechs Kinder. Volksschule, Maximiliansgymnasium in München, Absolutorium. Studium der Rechts- und Staatswissenschaften in München, Berlin und Bonn; 1936 Referendarexamen, 1939 Assessorexamen. 1940 Gerichtsassessor am Amtsgericht Weilheim, 1943 Amtsgerichtsrat. 1939 bis 1945 Kriegsteilnehmer, zwei Jahre in Rußland. Nach dem Kriege Promotion zum Dr. jur. an der Universität München. 1947 Regierungsrat im Bayerischen Staatsministerium für Unterricht und Kultus. 1948 rechtskundiger erster Bürgermeister, 1949 Oberbürgermeister der Stadt Eichstätt.
1933 bis 1939 in der katholischen Jugend- und Studentenbewegung führend tätig. Seit 1946 Mitglied der CSU. Präsident der Deutschen Atlantischen Gesellschaft. Vizepräsident des Bundes Deutscher Föderalisten. Mitglied des Bundestages von 1949 bis 1980, Oktober 1953 bis Oktober 1965 Vizepräsident des Bundestages und Vorsitzender des Ausschusses für Verteidigung. 26. Oktober 1965 bis 1. Dezember 1966 Bundesminister der Justiz. Mai 1967 bis Dezember 1976 wiederum Vizepräsident des Bundestages.

GEORG LEBER, geboren 1920 in Obertiefenbach (Oberlahnkreis); katholisch; verheiratet, ein Sohn. Volksschule, Handelsschule. Ausbildung als kaufmännischer Angestellter. 1939 bis 1945 Soldat. Nach Kriegsende Maurer.
Eintritt in Gewerkschaft und SPD. 1949 Geschäftsführer der Baugewerkschaft Limburg (Lahn). Ab 1951 Vorsitzender des Ortsvereins der

SPD. 1952 Redakteur der Gewerkschaftszeitung „Der Grundstein". 1933 Mitglied des Hauptvorstandes der Industriegewerkschaft Bau, Steine, Erden; seit Oktober 1957 erster Vorsitzender. Mitglied des Bundesvorstandes des Deutschen Gewerkschaftsbundes und des Geschäftsführenden Vorstandes des Internationalen Bundes der Bau- und Holzarbeiter. Präsident des Gemeinsamen Ausschusses der Gewerkschaften in der Bau- und Holzwirtschaft in der Europäischen Wirtschaftsgemeinschaft.
Mitglied des Bundestages seit 1957. 1958 bis 1959 Mitglied des Europäischen Parlaments. 1. Dezember 1966 Bundesminister für Verkehr, 22. Oktober 1969 Bundesminister für Verkehr und für das Post- und Fernmeldewesen, 7. Juli 1972 bis 16. Februar 1978 Bundesminister der Verteidigung. Seit September 1979 Vizepräsident des Deutschen Bundestages.

PROF. DR. HANS MAIER wurde 1931 in Freiburg i. Br. geboren. Nach dem Studium der Geschichte, neueren Sprachen und Sozialwissenschaft in Freiburg, München und Paris, dem Staatsexamen für das Lehramt an Gymnasien und der Promotion habilitierte er sich 1962 an der Philosophischen Fakultät der Universität Freiburg. Seit 1962 lehrt er als Ordinarius für Politische Wissenschaft an der Ludwig-Maximilians-Universität München. Von 1966 bis 1970 war er Mitglied des Deutschen Bildungsrates, seit 1970 ist er Bayerischer Staatsminister für Unterricht und Kultus. Professor Hans Maier ist Mitglied der Deutschen Akademie für Sprache und Dichtung und Präsident des Zentralkomitees der deutschen Katholiken.

HEILWIG VON DER MEHDEN, 1923 in Essen geboren, in Köln und Bonn erzogen, wurde stets im Rheinland für eine Hamburgerin und in Hamburg für eine Rheinländerin gehalten. Studium: Germanistik, Geschichte, Zeitungswissenschaft, Kunstgeschichte, Theaterwissenschaft, Soziologie. Mitarbeiterin beim Rundfunk, Volontärin im Feuilleton der „Welt", Redakteurin. Seit 1957 schreibt sie regelmäßig alle vierzehn Tage für die Zeitschrift „Brigitte" eine Kolumne. Sie lebt in Bonn und war verheiratet mit Conrad Ahlers.

TISA – als Generalstocher ELISABETH GRÄFIN VON DER SCHULENBURG 1903 in Mecklenburg geboren, lebt nach langen Jahren künstlerischer Arbeit und journalistischer Tätigkeit als Ordensfrau, Schwester Paula, bei den Ursulinen in Dorsten, Westfalen. Sie ist die Schwester des 1944 hingerichteten Widerstandskämpfers Fritz-Dietlof Graf von der Schulenburg. Der ebenfalls hingerichtete Friedrich Werner Graf von der

Schulenburg war ihr Onkel. Aufgewachsen in einer preußischen Offiziersfamilie, lernte sie die glanzvollen letzten Jahre des Kaiserreiches und sein Ende, die goldenen 20er Jahre Berlins und das Elend der Weltwirtschaftskrise kennen. Sie studierte Kunst in Berlin und Paris von 1925–1928, sie war Schülerin von Edwin Scharff. 1928 heiratete sie den Juden Fritz Hess, dem sie 1934 ins Londoner Exil folgte. Dort fand sie Anregung und Förderung ihrer Kunst durch Henry Moore. 1939 fuhr sie zu ihrem sterbenden Vater nach Deutschland, die Engländer verweigerten ihr nach dem Staatsbegräbnis die Wiedereinreise. So kehrte sie verzweifelt nach Deutschland zurück, sie erlebte die Verschwörung gegen Adolf Hitler aus nächster Nähe durch ihren Bruder Fritzi, der 1944 gehängt wurde. Der Auflösung der Front folgt die Flucht in den Westen. Nach dem Scheitern der zweiten Ehe kam es zu einem völligen Zusammenbruch. Ihre Hilfe fand sie im Gebet und dann in der Freundschaft mit den Ursulinen in Dorsten, die vor dem Krieg mit Edith Stein befreundet gewesen waren. Sie konvertierte und trat 1950 in das Kloster ein. Hier fand sie zu der „Freiheit", die sie immer gesucht hatte. Ihre Kunst konnte sie nach zwölf Jahren Schulunterricht voll entfalten. Das dokumentieren die zahlreichen Ausstellungen ihres grafischen Werkes und ihrer Arbeiten in Holz und Metall, die sich vor allem mit der Welt der Bergarbeiter und mit dem notleidenden Mitmenschen auseinandersetzen.

ALICE SCHWARZ-GARDOS, geboren in Wien, wanderte mit ihren Eltern 1940 auf der Flucht vor den Verfolgungen ins damalige Palästina ein. Von früh an schriftstellerisch tätig (mehrere Romane und Jugendbücher), hat sich die Autorin seit 30 Jahren vor allem dem Journalismus gewidmet. Sie vertritt mehrere europäische Zeitungen und Zeitschriften, u. a. den „Tagesspiegel", Berlin, und das „Argentinische Tageblatt" in Israel. Seit fünf Jahren ist sie Schriftleiterin der „Israel Nachrichten". Alice Schwarz ist mit Eli Gardos, Direktor des Musikkonservatoriums in der israelischen Kleinstadt Chedera, verheiratet, der gelegentlich auch Musikkritiken schreibt und komponiert. Sie ist Mitglied des israelischen PEN-Clubs.

PAUL WILHELM WENGER, 1912 in Gundelsheim am Neckar geboren. Gymnasien Mosbach, Mergentheim und Rottweil. 1930 Abitur. 1930–33 sechs Semester kath. Theologie, dann acht Semester Rechtswissenschaften an der Universität Tübingen. 1937 Erstes juristisches Staatsexamen, 1940 Assessorexamen. 1939–1945 Wehrdienst. 1942 in der Winterschlacht vor Moskau verwundet. Letzter Dienstgrad Oberleutnant d. R. 1945–1948 Richter am Landgericht Tübingen. Seit August 1948 Redakteur des Rheinischen Merkurs.

Publikationen: 1946 „Macht und Geist – Irrwege des deutschen Idealismus"; 1957 „Irische Miniaturen"; 1959 „Wer gewinnt Deutschland?"; 1971 Bildband Bonn; 1972 „Die Falle: Deutsche Ost-Russische Westpolitik".
Auszeichnungen: Großes Bundesverdienstkreuz, französische Ehrenlegion, Bayerischer Verdienstorden, Großes Silbernes Ehrenzeichen von Österreich, Baden-Württembergische Verdienstmedaille.

PROF. DR. THEOL. BERNHARD WELTE. 1906 in Meßkirch geboren. Studien der Philosophie und Theologie in Freiburg i. Br. und München. 1929 zum Priester geweiht. Von 1934–1948 Sekretär des Erzbischofs Gröber von Freiburg. 1938 Dr. theol., 1946 Habilitation. Von 1931–1973 Professor für Theologisch-Philosophische Grenzfragen, später für Religionsphilosophie in Freiburg. Zahlreiche Veröffentlichungen aus dem Gebiet der Religionsphilosophie, Kurse und Vorträge im In- und Ausland. Seit 1973 emeritiert.